BITÁCORA
NUEVA EDICIÓN

1

Curso
de español

MP3
descargable

María Dolores Chamorro
Pablo Martínez Gila
Luisa Pascual

Cuaderno de ejercicios

Autores
María Dolores Chamorro
Pablo Martínez Gila
Luisa Pascual

Coordinación pedagógica
Agustín Garmendia, Neus Sans

Revisión pedagógica
Nuria Guasch

Coordinación editorial
Emilia Conejo

Diseño gráfico y maquetación
Grafica, Pedro Ponciano

Ilustraciones
Juanma García Escobar

Grabación CD
Difusión
Locutores: Iñaki Calvo, Gloria Cano,
Emilia Conejo, Sebastian Cramer,
Carolina Domínguez, Agustín
Garmendia, Pablo Garrido, Henry Lara,
Xavier Miralles, Neus Sans, Laia Sant,
Clara Serfaty

Agradecimientos
Ernesto Rodríguez, Luisa Pascual, Nuria
Guasch, Pablo Garrido, Carmen Aranda,
Justyna Kidacka

© Los autores y Difusión, S.L.
Barcelona 2016
ISBN: 978-84-16347-65-0
Impreso en España por T. G. Soler
Reimpresión: octubre 2016

Cubierta Phooey/iStockphoto, Stevanzz/Dreamstime, Loca4motion **Unidad 0** pág. 11 Difusión; pág. 12 Wisconsinart/Dreamstime; pág. 13 Wolfgang Grossmann/ Dreamstime **Unidad 1** pág. 14 Christian Draghici/ Dreamstime; pág 16 Christian Draghici/Dreamstime; pág. 17 Nick Stubbs/Dreamstime, Canettistock/Dreamstime, Jose Antonio Nicoli/Dreamstime, Chiyacat/Dreamstime, Tellophoto/Dreamstime, Andres Rodriguez/Dreamstime, OllieRyman/Dreamstime, Jose Wilson Araujo/Dreamstime; pág. 18 Alberto Varela/Flickr, Jorge Andrade/Flickr, David Smith/Dreamstime, Audrey Sel/Flickr, Anna Tatti, 3Neus/ Flickr, Erik Cleves Kristensen/Flickr; pág. 19 Isselee/ Dreamstime; pág. 20 Christian Draghici/Dreamstime; pág. 22 Christian Draghici/Dreamstime; pág. 23 Professor Film **Unidad 2** pág. 24 Sathyanarayana Thulasidass/Dreamstime, Belka10/Dreamstime, Biblioteca El Mundo. Col. Las mejores novelas en castellano del siglo xx, Chimpinski/Dreamstime, L Grecu Mihail Alin/Dreamstime, lutsenko/Dreamstime, Anna Tatti, Fibobjects/Dreamstime, Stocksnapper/Dreamstime, Bluehand/Dreamstime; pág. 25 Andy Brown/Dreamstime, Difusión, Wikipedia, museodelarte.blogspot.com, Difusión, Dvmsimages/Dreamstime, Violeta de Lama, Natalia Muñoz Salame/Flickr, Toprural/Flickr, molino de cerceda/Flickr; pág. 26 Yury Shirokov/Dreamstime, pág. 28 Alicia Dauksis/ Dreamstime, Sergeialyoshin/Dreamstime; pág. 29 Sento/ Flickr, dalbera/Flickr, ReservasdeCoches.com/Flickr, Álvaro Galve/Flickr, Oh-Barcelona.com/Flickr, Maribelle71/Flickr; pág. 30 m-imagephotography/iStockphotos, Eva Katalin Kondoros/ iStockphotos; pág. 31 Vinicius Tupinamba/Dreamstime; pág. 33 Professor Film, **Unidad 3** pág. 34 coveralia. com, filmaffinity.com, cruvi.cl; pág 35 Christian Draghici/ Dreamstime; pág 37 Qtrix/Dreamstime, Christian Draghici/ Dreamstime; pág 39 Godfer/Dreamstime; pág 40 Wikimedia Commons, Wikimedia Commons, ACI/Rue des Archives, Alexandre Miguel Da Silva Nunes/Dreamstime; pág. 41 Steve Granitz/Wire Image, blogs.20minutos.es, Caroline Schiff/Getty Images, Denis Makarenko/Dreamstime, www.lavozdemichoacan.com.mx, aficioncentral.com, Pierre-Philippe Marcou/AFP/Getty Images, cubanosporelmundo.com, Paco Elvira/Cover/Getty Images, www.restauracionnews.com, todoshow.infonews.com, heraldo.es; pág. 43 Professor Film **Unidad de repaso 1** pág. 45 Absolut_photos/Dreamstime, Photoeuphoria/Dreamstime; pág. 47 Christian Draghici/Dreamstime, Alfonsodetomas/ Dreamstime.com; pág. 49 Christian Draghici/Dreamstime **Unidad 4** pág. 52 Christian Draghici/Dreamstime; pág. 53 Carlosphotos/dreamstime, Yuri Arcurs/Dreamstime; pág. 56 Jose Castro; pág. 58 Nomadsoul1/Dreamstime, Aleksander Kovaltchuk/Dreamstime; pág. 59 Christian Draghici/ Dreamstime; pág. 61 Professor Film, Emilia Conejo, Michał Rojek/Dreamstime **Unidad 5** pág. 65 Daryabriz/Dreamstime, Luca Di Fiore/Dreamstime; pág. 70 Christian Draghici/ Dreamstime; pág. 71 Professor Film **Unidad 6** pág. 72 Javier Lastras/Flickr, effe8/Flickr, matsuyuki/Flickr, bgottsab/ Flickr, Smabs Sputzer/Flickr, FotoosVanRobin/Flickr; pág. 73 Jules Stonesoup/Flickr, Arkangel/Flickr, Javier Lastras/Flickr, Triángulo del Café Travel/Flickr, Les Chatfield/Flickr, Ignotus the Mage/Flickr, Javier Lastras/Flickr, Jeremy Keith/Flickr, Boca Dorada/Flickr, Boca Dorada/Flickr, Tnarik/Flickr.com, Ron Diggity/Flickr, Javier Lastras/Flickr, Jesus Solana/Flickr, Orse/Flickr, Boca Dorada/Flickr, Ron Diggity/Flickr, Tnarik/ Flickr, Tnarik/Flickr, Ignotus the Mage/Flickr, Jesus Solana/ Flickr, Boca Dorada/Flickr; pág. 75 Voyagerix/Dreamstime; pág. 79 Raul Saavedra/Dreamstime; pág. 81 Professor Film **Unidad de repaso 2** pág. 82 J. Cornelius/Flickr, Juan Ramón Rodríguez Sosa/Flickr, dalbera/Flickr, James Gordon/Flickr; pág. 85 Pablo Martínez Gila, Christian Draghici/Dreamstime; pág. 88 www.taquilla.com **Unidad 7** pág. 93 Christian Draghici/Dreamstime; pág. 95 Benkrut/Dreamstime; pág. 96 Sailorr/ Dreamstime; pág. 97 Steve Mann/Dreamstime; pág. 99 Professor Film; Konstantin Kirillov/Dreamstime, Janis Smits/Dreamstime **Unidad 8** pág. 100 Christian Draghici/ Dreamstime; pág. 101 Shannon Fagan/Dreamstime, Alberto Jorrin Rodriguez/Dreamstime; pág. 102 Christian Draghici/ Dreamstime; pág. 103 lizyraul.wordpress.com; pág. 104 Christian Draghici/Dreamstime; pág. 105 Adam Gryko/ Dreamstime; pág. 106 Gregor69/Dreamstime, Clive Brunskill/ Getty Images, Quim Llenas/Getty Images, Ander Guillenea/ Getty Images; pág. 107 Maryia Bahutskaya/Dreamstime, Mimagephotography/Dreamstime, Leo Lintang/Dreamstime, Gabriel Blaj/Dreamstime, Christefme/Dreamstime, Iuliia Timofeeva/Dreamstime, Paloma Rodriguez De Los Rios Ramirez / Dreamstime, Dmitry Panchenko/Dreamstime, Strixcode/Dreamstime, Fernandes Borges Michel/Dreamstime, Andre Nadeau/Dreamstime, Antonio Gravante/Dreamstime; pág. 108 Arkadi Bojaršinov/Dreamstime; pág. 109 Professor Film **Unidad 9** pág. 115 Christian Draghici/Dreamstime; pág. 118 Christian Draghici/Dreamstime; pág. 119 Professor Film, Christian Draghici/Dreamstime **Unidad de repaso 3** pág. 120 Christian Draghici/Dreamstime; pág. 121 Christian Draghici/Dreamstime Alexander Pladdet/Dreamstime; pág. 125 Christian Draghici/Dreamstime

difusión
Centro de
Investigación y
Publicaciones
de Idiomas, S. L.

C/ Trafalgar, 10, entlo. 1ª
08010 Barcelona
Tel. (+34) 93 268 03 00
Fax (+34) 93 310 33 40
editorial@difusion.com

www.difusion.com

CUADERNO DE EJERCICIOS
BITÁCORA 1 NUEVA EDICIÓN

En este cuaderno te proponemos una amplia selección de actividades destinadas a reforzar y a profundizar en el trabajo hecho con el Libro del alumno. La mayoría de los ejercicios se pueden resolver individualmente, pero también hay actividades que se deben realizar en clase con uno o más compañeros porque están destinadas, principalmente, a reforzar la capacidad de interactuar oralmente. En las páginas siguientes te explicamos la estructura del cuaderno en detalle.

UNIDADES 0 A 9

EJERCICIOS COMPLEMENTARIOS DE LOS DOSIERES, AGENDAS DE APRENDIZAJE Y TALLERES DE USO

Una amplia gama de ejercicios complementan los dosieres 01 y 02 de cada unidad del Libro del alumno. Te ayudarán a **preparar la lectura y las audiciones** o a **consolidar los diferentes contenidos**.

También hay actividades que complementan la Agenda de aprendizaje. En ellas se proponen **nuevos contextos que invitan a usar de forma reflexiva y significativa las estructuras presentadas**.

En cada unidad encontrarás:

- **Ejercicios de gramática** para reflexionar y profundizar en el funcionamiento de la lengua y para automatizar algunos aspectos formales, en especial de cuestiones morfológicas y sintácticas. En estos casos, hemos considerado siempre un uso contextualizado y significativo de esas formas y hemos evitado los ejercicios de pura manipulación.

- **Comprensiones auditivas** que plantean actividades con documentos orales y trabajo con transcripciones, destinado a observar de manera específica las formas y los recursos de la lengua oral. Están señalizadas con el icono 🔊 1.

- **Actividades de escritura individual o cooperativa** que posibilitan un nuevo uso de los contenidos léxicos, gramaticales y pragmáticos de la unidad.

- Ejercicios de observación de **cuestiones fonéticas**, de discriminación y de práctica de la **pronunciación**.

- **Actividades de interacción oral** para realizar en pareja o en grupo. Están señalizadas con el icono 🎚.

- **Actividades para practicar recursos útiles** en la clase de español. Están marcadas con el icono 👆.

- **Actividades de mediación** entre el español y tu lengua u otras que conoces.

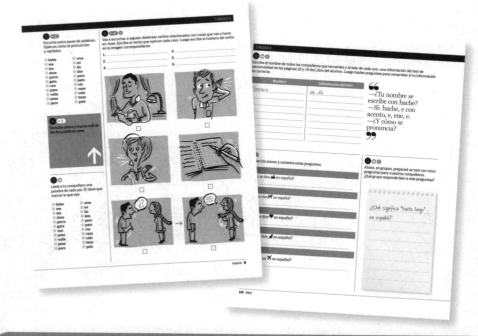

ARCHIVO DE LÉXICO

Si en las páginas del Libro del alumno, especialmente en el Archivo de léxico, has descubierto el vocabulario en contexto y has reflexionado sobre su significado y funcionamiento, en esta sección del Cuaderno encontrarás **ejercicios muy variados (clasificar palabras, buscar relaciones, recuperar, memorizar, etc.) que te servirán para retener las unidades léxicas** más importantes de la unidad.

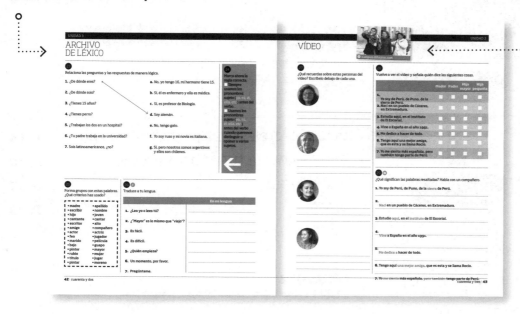

VÍDEO

Al llegar al final de la unidad, puedes volver a ver el vídeo y trabajar con él de manera más detallada. Verás que eres capaz de comprender muchas más cosas y **podrás así comprobar lo que has aprendido a lo largo de la unidad**.

UNIDADES DE REPASO

Cada tres unidades encontrarás una de repaso. Se trata de tres unidades que recogen temas de las unidades anteriores. En ellas, cada actividad aparece marcada con una etiqueta que indica el tema sobre el que se trabaja.

NOMBRES Y APELLIDOS

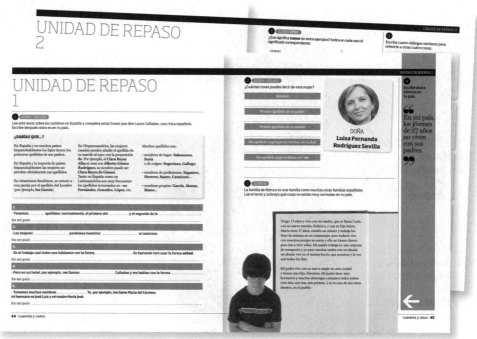

ÍNDICE

TÚ, YO, NOSOTROS

01
TEST DE PERSONALIDAD

1

¿Saludos o despedidas? Escribe estas expresiones junto a la imagen que corresponda.

1. Chao.
2. Hola, ¿qué tal?
3. Hasta luego.
4. Hasta mañana.
5. Buenos días.
6. Adiós.
7. ¿Cómo estás?

Chao
2. Hola, ¿qué tal?
5. Buenos días
7. Como estás

1. Chao
3. Hasta luego
4. Hasta mañana
6. Adios

2 🔊 **1**

Escucha cómo se pronuncian los nombres de estos países o ciudades y repite.

Honduras
Habana
Quito
Cádiz
Barcelona
Valencia
El **Salvador**

Zaragoza
Sevilla
Yucatán
Lima
Llanos
Cuba
Chile

3

¿Qué sonidos te parecen difíciles? ¿Hay letras que se pronuncian de manera diferente en tu lengua?

4

Marca si las siguientes informaciones son verdaderas (V) o falsas (F).

	V	F
1. En español la **h** no se pronuncia.		
2. La **c** de "Cádiz" y la **q** de "Quito" se pronuncian igual.		
3. La **b** y la **v** se pronuncian de manera diferente.		
4. La **ll** y la **y** se pronuncian igual.		
5. La **c** y la **ch** se pronuncian igual.		

5 **2**

Escucha estos pares de palabras, fíjate en cómo se pronuncian y repítelos.

▨ bebe	✎ vive
✎ me	▨ mi
▨ leo	✎ lío
✎ doce	▨ dos
✎ perro	▨ pero
✎ gato	▨ pato
▨ veo	✎ vio
▨ paso	▨ vaso
✎ valle (bagay)	▨ vale
▨ peso	✎ beso
▨ pero	✎ pelo

6 ◀)) **3**

Escucha ahora y marca cuál de las dos palabras oyes.

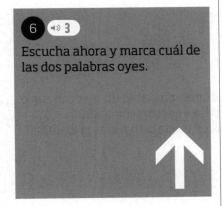

7 ⏸

Léele a tu compañero una palabra de cada par. Él tiene que marcar la que oye.

▨ bebe	▨ vive
▨ me	▨ mi
▨ leo	▨ lío
▨ doce	▨ dos
▨ perro	▨ pero
▨ gato	▨ pato
▨ veo	▨ vio
▨ paso	▨ vaso
▨ valle	▨ vale
▨ peso	▨ beso
▨ pero	▨ pelo

8 ◀)) **4** ☝

Vas a escuchar a alguien deletrear verbos relacionados con cosas que vas a hacer en clase. Escribe el verbo que oyes en cada caso. Luego escribe el número del verbo en la imagen correspondiente.

1. ....   4. ....

2. ....   5. ....

3. ....   6. ....

9

Escribe el nombre de todos los compañeros que recuerdes y al lado de cada uno, una información del test de personalidad de las páginas 18 y 19 del Libro del alumno. Luego hazles preguntas para comprobar si tu información es correcta.

Nombre	Información del test
Helen	de día

—¿Tu nombre se escribe con hache?
—Sí: hache, e, ele, e, ene.
—¿Y cómo se pronuncia?

10

Fíjate en los iconos y contesta estas preguntas.

1.

– ¿Cómo se dice ▲▲ en español?

– ....

2.

– ¿Cómo se dice 🐕 en español?

– ....

3.

– ¿Cómo se dice 🌷 en español?

– ....

4.

– ¿Cómo se dice 🐈 en español?

– ....

5.

– ¿Cómo se dice ✈ en español?

– ....

11

Ahora, en grupos, preparad un test con cinco preguntas para vuestros compañeros.
¿Qué grupo responde bien a más preguntas?

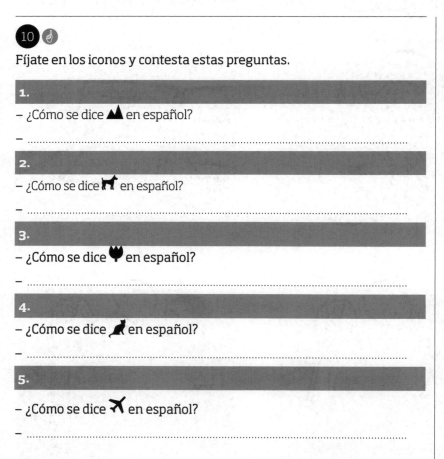

¿Qué significa "hasta luego" en español?

12

Observa estas ilustraciones y escribe en tu lengua el equivalente de cada pronombre.

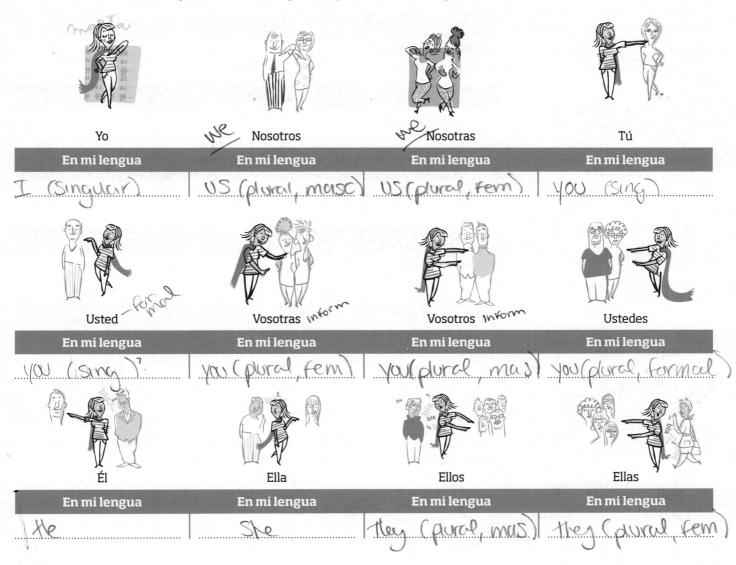

Yo	we Nosotros	we Nosotras	Tú
En mi lengua	**En mi lengua**	**En mi lengua**	**En mi lengua**
I (singular)	US (plural, masc)	US (plural, fem)	you (sing)

Usted —formal	Vosotras inform	Vosotros inform	Ustedes
En mi lengua	**En mi lengua**	**En mi lengua**	**En mi lengua**
you (sing)?	you (plural, fem)	you (plural, mas)	you (plural, formal)

Él	Ella	Ellos	Ellas
En mi lengua	**En mi lengua**	**En mi lengua**	**En mi lengua**
He	She	they (plural, mas)	they (plural, fem)

13

Completa la tabla con los pronombres y las formas verbales que faltan.

	llamarse
yo	me llamo
	nos llamamos
vosotros/as	

> ¿Cómo te llamas?
>
> Me llamo David, ¿y tú?
>
> Yo, Eva.

14 **5**

Este es un diálogo entre dos alumnos nuevos. Escribe al lado de cada intervención el número correspondiente, reescribe el diálogo ordenado y luego comprueba con la grabación.

> Encantado, Chiara. [6]

> Hola, buenos días. [1]

> Muy bien, gracias, ¿y tú? [3]

> Encantada, Julien. [7]

> Bien también, gracias. Me llamo Julien, ¿y tú? [4]

> Yo, Chiara. [5]

> Hola, ¿qué tal? [2]

1. Hola, buenos días
2. Hola, ¿qué tal?
3. Muy bien, gracias, ¿y tú?
4. Bien también, gracias. Me llama Julien, ¿y tú?
5. Yo, Chiara
6. Encantado, Chiara
7. Encantada, Julien.

15

Contesta estas preguntas con tu información personal.

1.

– Buenos días, ¿qué tal?

– Muy bien, gracias.

2.

– ¿Cómo te llamas?

– me llama shutaro

3.

– ¿Cómo se escribe tu nombre?

– ese hache u te a erre o

4.

– ¿Y tu apellido?

– Mi apellido es Hisamatsu

5.

– ¿Qué significa tu nombre?

– No sé

¿Cuál es tu número de teléfono?
902-258-1134

16 **6**

Escucha esta conversación y completa los nombres y los números de teléfono de la siguiente ficha.

1. M oisés Garaicoechea:

8154 34 87 56

2. Margarita Muelas:

8985 23 02 39

3. maria Lodeiro:

8032564875

4. Nées Oteiza:

8364007480

5. Gerardo pigué

8062439903

17

Completa esta ficha con tus datos personales.

Nombre:

me llama Allison

Apellidos:

Mi apellido es Horton

Ciudad:

mi ciudad es Halifax

Número de teléfono fijo:

mi numero de teléfono fijo es 902-445-7766

Número de teléfono móvil:

mi numero de teléfono móvil es 902-292-8626

Dirección de correo electrónico:

mi direccion de correo electronico es allison-horton z@gmail.com

18

Elige cinco palabras o grupos de palabras de la unidad que no quieres olvidar. ¿Cómo se dicen en tu lengua? Luego enséñaselas a un compañero. ¿Sabéis qué significan todas?

música clásica

—'Música clásica' en inglés es *classical music*, ¿no?
—Sí. ¿Y qué significa 'amigos'?

19

En grupos, haced una lista con todas las palabras y frases que sabéis en español (¡no valen las de esta unidad del libro!).

PERSONAS Y PALABRAS

01
DIEZ RAZONES PARA APRENDER ESPAÑOL

1

Sin mirar el texto de la página 24 del Libro del alumno, intenta completar estas frases con las palabras que faltan.

1. La tercera .... en internet.

2. .... lengua que se habla en cinco continentes.

3. Una lengua importante para los ....

4. La lengua oficial de 21 ....

5. La .... lengua más estudiada del mundo.

6. 500 millones .... hablantes.

2

Relaciona cada razón con una imagen.

1
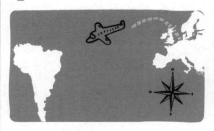

2

3

4

5

6

[ ] "Yo, porque mi novio es cubano." **Lucile.** SUIZA.

[ ] "Yo, para ir a Latinoamérica." **Muriel.** FRANCIA.

[ ] "Yo, para leer literatura en español." **Beto.** BRASIL.

[ ] "Yo, para estudiar en España." **Chiara.** ITALIA.

[ ] "Yo, para mi currículum." **Jan.** HOLANDA.

[ ] "Yo, porque tengo una casa en España." **Ute.** ALEMANIA.

3

Lee las razones para estudiar español 1 a 7 de la página 24 del Libro del alumno. ¿Cuáles son las cuatro más importantes para ti? Tradúcelas a tu lengua.

1. ....

....

....

2. ....

....

....

3. ....

....

....

4. ....

....

....

4

Y tú, ¿por qué estudias español? Dibuja tus razones, escríbelas y busca a tres compañeros que tengan las mismas razones.

5

Relaciona cada verbo con sus terminaciones para poder conjugarlo en presente y luego completa la tabla para cada verbo.

abrir **3**   comer   tomar

1		2		3	
o		o		imos	
e		a			o
emos		amos			es
es		áis		ís	
éis		as		en	
en		an			e

			tomar	comer	abrir
Singular	Primera persona	Yo	....	....	....
	Segunda persona	Tú	....	....	....
	Tercera persona	Él/ella/usted	....	....	....
Plural	Primera persona	Nosotros/nosotras	....	....	....
	Segunda persona	Vosotros/vosotras	....	....	....
	Tercera persona	Ellos/ellas/ustedes	....	....	....

6

Usa los verbos de esta lista y las seis personas gramaticales para preparar un test de formas verbales para un compañero. ¿Cuántas respuestas acierta?

- **trabajar**
- **leer**
- **vivir**
- **beber**
- **entrar**
- **salir**

	Verbo	Persona	Respuesta
1.	trabajar	ella →	trabaja
2.	....	....	....
3.	....	....	....
4.	....	....	....
5.	....	....	....
6.	....	....	....

7

Varias personas cuentan por qué estudian una lengua. Completa con **porque** y **para**.

8 ◀》 7

Escucha ahora las frases anteriores. Repite cada una hasta que tu pronunciación se parezca a la suya.

1. Yo estudio inglés .... leer a Paul Auster.

2. Yo estudio tagalo .... ir a vivir a Filipinas.

3. Yo estudio italiano .... me gusta mucho el cine italiano.

4. Yo estudio japonés .... mi trabajo.

5. Yo estudio árabe .... tengo una casa en Marrakech.

6. Yo estudio chino .... es muy importante para los negocios.

7. Yo estudio griego .... mi marido es de Salónica.

8. Yo estudio francés y ruso .... ser traductora.

02
UN MAPA CULTURAL DEL ESPAÑOL

9

Busca en las páginas 28 y 29 del Libro del alumno.

1. Un país que está en Europa:
España

2. Un país que está en África:

3. Un país sin mar:

4. Un país muy grande:

5. Dos países con dos océanos:

6. Dos países que son islas:

7. Un país que está en América del Norte:

10

Mira estas fotos. Con un compañero intenta recordar de qué país es cada una. Mira luego las páginas 28 y 29 del Libro del alumno.

" —¿Qué es esto?
—Yo creo que es Chile. "

11

Busca en internet y completa los datos que faltan.

1.	País
Ciudades importantes Medellín y Cali	
Un lugar interesante	
Un personaje interesante García Márquez	
Algo típico Café	

2.	País
Ciudades importantes Cuzco y Arequipa	
Un lugar interesante El lago Titicaca	
Un personaje interesante	
Algo típico Las llamas	

3.	País
Ciudades importantes	
Un lugar interesante La Patagonia	
Un personaje interesante Maradona	
Algo típico Mate y carne	

12

¿De qué países hablan? Escucha y toma notas.

1.	País
Ciudades importantes	
Un lugar interesante	
Un personaje interesante	

2.	País
Ciudades importantes	
Un lugar interesante	
Un personaje interesante	

13

Completa estas tablas de multiplicar.

7x	**9x**
Siete por una es siete.	Nueve por una es nueve.
Siete por dos, ...	Nueve por dos, ...
Siete por .... , veintiuno.	Nueve por .... , veintisiete.
Siete por cuatro, ...	Nueve por cuatro, ...
Siete por .... , treinta y	Nueve por .... , cuarenta y cinco.
Siete por seis, ...	Nueve por seis, ...
Siete por .... , ...	Nueve por .... , ...
Siete por .... , ...	Nueve por .... , ...
Siete por .... , ...	Nueve por .... , ...
Siete por diez, ...	Nueve por diez, ...

14

Prepara diez preguntas para tu compañero con las tablas de multiplicar. ¿Es rápido contestando? ¿Cuántas dice bien?

1. *¿Seis por ocho?*

2. ....

3. ....

4. ....

5. ....

6. ....

7. ....

8. ....

9. ....

10. ....

15

Estas frases se dicen en una fiesta. Complétalas con formas de **ser** o **tener**.

1. Yo .... músico y .... dos pianos en casa.

2. Mis dos mejores amigas .... holandesas y ....

novios españoles.

3. Nosotras .... estudiantes. Mañana .... un examen.

4. ¿ .... italiano y no .... espaguetis en tu casa?

5. Mi compañero de piso .... brasileño, pero ....

pasaporte español.

6. ¿Vosotras .... argentinas y no sabéis quién es Maradona?

16

¿Qué formas de los verbos **ser** y **tener** corresponden a cada pronombre personal?

Yo soy / tengo

Tú...

ARCHIVO DE LÉXICO

 17

Busca cómo se dicen en español los nombres de otros países que quieres saber y escríbelos.

....
....
....
....
....
....

 18

A estos países de Hispanoamérica les faltan algunas letras. Escríbelas. ¿Qué países son?

ce · hache · i · .... · e ....

uve · e · .... · e · .... · u · e · ele · a ....

.... · a · ere · a · .... · a · ye ....

ene · .... · ce · .... · ere · .... · .... · .... · a ....

 19

Mira los nombres de los países de la páginas 22 del Libro del alumno. Elige uno y dile a tu compañero solo las consonantes. Tu compañero tiene que averiguar qué país es. Jugad por turnos.

—B-L-V
—Mmm... No lo sé. ¿Puedes repetir?

 20

En grupos de cuatro, jugamos a "oigo-digo". Cada uno tiene una ficha. Cuando oyes las tres letras que tienes en la columna de la izquierda, tienes que decir las tres que hay a su derecha. Empieza y termina el alumno 1 diciendo UGR.

ALUMNO 1

Oigo	Digo
AÑB	UGR
OCP	JRB
ZSR	YIX
RFS	MZN

ALUMNO 2

Oigo	Digo
YIX	AÑB
KÑL	ZSR
UGW	OCP
XLY	MXJ

ALUMNO 3

Oigo	Digo
MZN	EÑP
JRB	VUH
UGR	DKI
MXJ	ARC

ALUMNO 4

Oigo	Digo
DKI	RFS
EÑP	XLY
ARC	UGW
VUH	KÑL

21

Prepara preguntas para tus compañeros sobre palabras que han aparecido en esta unidad. ¿Cuántas respuestas obtienes? El profesor te puede ayudar al final.

¿Qué significa...?

....

....

....

....

....

....

....

....

....

....

¿Cómo se dice en español?

....

....

....

....

....

....

....

....

....

....

....

....

22

Clasifica las palabras siguientes en estas dos categorías y tradúcelas a tu lengua o a otra lengua que conozcas.

- un hablante
- una lengua
- un país
- un continente
- un estudiante
- mi novio/a
- un/a amigo/a
- mi marido
- un mapa
- un personaje
- un lugar
- un desierto
- el mundo

Personas	Vocabulario de geografía
mi novio/a	un continente

23

Elige diez palabras o grupos de palabras de la unidad que no quieres olvidar y escribe una frase con cada una de ellas.

VÍDEO

campus.difusion.com

24

Lee la transcripción del vídeo y señala cuántas respuestas son correctas.
¿Puedes corregir las incorrectas?

—Hola, estamos en la calle para preguntar sobre los países del mundo hispano y sus capitales. ¡Vamos!
—La capital de Venezuela es...
—Caracas.
—Capital de... Guatemala.
—Guatemala.
—Quito es la capital de...
—¿Quito? No, Quito es imposible.
—Nicaragua tiene como capital...
—¿Managua?
—¡Muy bien! ¡Muy bien!
—No se gana nada porque es para un libro para aprender español.
—Guatemala, su capital es...
—¿Guatemala? ¿Guatemala?
—De España la capital es...
—Madrid.
—¿La capital de México cuál es? No, estás haciendo trampas.
—San José es la capital de...
—¡Costa Rica!
—¡Bien!
—Paraguay tiene como capital...
—Espérate, espérate, espérate.

—Asunción es la capital de...
—Paraguay.
—De Guinea Ecuatorial la capital es...
—Mmm...
—Empieza por m.
—Ella lo sabe.
—¿Tú lo sabes?
—Mogadiscio es, ¿o no?
—¡No! Mira que estabas mirando detrás.

—La Habana es la capital de...
—Cuba.
—Bogotá es la capital de...
—Colombia.
—Quito es la capital de...
—Ecuador.
—Lima es la capital de...
—Perú.
—¡Muy bien! Montevideo es la capital de...
—Montevideo es la capital de Argentina.

—Como hemos visto, hay muchos países de habla hispana y muchos países por conocer.

25

Escribe todas las formas que utiliza la periodista para preguntar por la capital y otras expresiones que te parecen útiles. Si no entiendes algo, puedes preguntar a tu profesor.

Preguntas	Expresiones útiles
San José es la capital de...	Empieza por eme.

26

En grupos, preparad diez preguntas sobre capitales del mundo y hacédselas a otro equipo. ¿Cuántas capitales aciertan?

¿UN LIBRO O UNA CAMISETA?

01
DE COMPRAS EN ESPAÑA

1

Estos objetos son diferentes de los de las páginas 36 y 37 del Libro del alumno, pero tienen el mismo nombre. Escríbelo.

1. Unos

....

2. Una

....

3. Una

....

4. Una

....

5. Una

....

6. Una

....

7. Una

....

8. Un

....

9. Una

....

10. Una

....

2

¿A qué objetos de las páginas 36 y 37 se refieren estas descripciones? Escribe con letras el número que tienen.

1. _Bombones (dieciocho)_ : son de chocolate.

2. .... : puedes poner agua o vino dentro.

3. .... : es un objeto para beber café o té.

4. .... : son para comer, son pequeñas y verdes (o negras).

5. .... : son unos objetos para llevar en los pies.

6. .... : es un objeto para escribir.

7. .... : son fotos con imágenes de una ciudad o un paisaje.

8. .... : es un libro con palabras en orden alfabético.

9. .... : es para jugar al fútbol.

10. .... : es de metal y tiene aceite.

11. .... : es de muchos colores, es para vestirse.

3 9

En una tienda de recuerdos, dos personas eligen algunos de los objetos de las páginas 36 y 37. ¿Qué objetos citan? ¿Cuáles compran al final?

Hablan de...	Compran...

4

¿Cómo preguntas por el precio de estas cosas?

— *¿Cuánto cuesta este póster?*
— *¿Cuánto cuestan estos zapatos?*

- *¿Cuánto cuestan estos bombones?*
- **32 euros.**

- ....
- **25 euros.**

- ....
- **1,50 euros cada una.**

- ....
- **32 euros.**

- ....
- **2 euros cada uno.**

- ....
- **7,80 euros.**

5

¿Dónde pondrías en tu casa los objetos de las páginas 36 y 37?

En la cocina

La paellera

En el dormitorio

En el salón

> ! Cuando conocemos ya los objetos de los que estamos hablando, usamos los artículos determinados **el**, **la**, **los**, **las**.

sapres

6

¿Masculino o femenino? Clasifica estas palabras. Comprueba después con el profesor o con un diccionario.

- música
- perro
- personaje
- edad
- personalidad
- amor
- camiseta
- población
- gato
- traducción
- viaje
- novela
- unidad
- turista
- actor
- pronunciación
- televisión
- taxista

Masculino ♂	Femenino ♀

7

Fijándote en las palabras de la actividad anterior, subraya la opción correcta y completa las reglas.

1. Las palabras terminadas en **-o** normalmente son ~~masculinas~~/femeninas, por ejemplo: *gato,*

2. Las palabras terminadas en **-a** normalmente son masculinas/~~femeninas~~, por ejemplo:

3. Las palabras terminadas en **-ción, -sión, -dad** y **-tad** normalmente son masculinas/~~femeninas~~, por ejemplo: *la universidad*

4. Las palabras terminadas en **-aje** y **-or** normalmente son ~~masculinas~~/femeninas, por ejemplo:

5. Las palabras en **-ista** pueden ser *masculinas* o *femeninas* por ejemplo:

just change article

8

Completa esta tabla con los artículos determinados e indeterminados para las palabras del ejercicio 6.

Artículo determinado		Artículo indeterminado	
Masculino singular	**Femenino singular**	**Masculino singular**	**Femenino singular**
el perro	la camiseta	un perro	una camiseta

9

Completa la lista de regalos con palabras de las páginas 36 y 37 del Libro del alumno y piensa para quién de la clase puede ser cada uno.

1. Una .... de un escritor
latinoamericano para ....

2. Un .... de cuatro
colores para ....

3. Una .... de vino blanco
para ....

4. Una .... de galletas
para ....

5. Un .... español -
inglés para ....

6. Unos .... elegantes
y caros para ....

7. Un .... de Shakira
para ....

8. Unas .... de café
para ....

9. Una .... de fútbol
para ....

10. ....
....

02
CASI 70 MILLONES DE TURISTAS

 10

Busca en el texto de la página 40 del Libro del alumno cómo se llaman las personas de los siguientes lugares.

1. Gran Bretaña

....

2. Escandinavia

....

3. Francia

....

4. Alemania

....

 11

¿De qué país son?

1. Los mexicanos

....

2. Los rusos

....

3. Los estadounidenses

....

4. Los cubanos

....

5. Los portugueses

....

12 🔊 **10**

Completa los siguientes datos con las palabras de los recuadros. Después escucha y comprueba tus respuestas.

> • ingleses, alemanes y suecos
> • estadounidenses, franceses y españoles
> • de todo el mundo
> • españoles

> • ochenta
> • sesenta
> • veinte
> • cinco

1. Más de .... millones de turistas visitan Andalucía cada año.
La mayoría son ....
Entre los europeos, sobre todo ....

2. Cada año unos .... millones de turistas visitan Estados Unidos; en 2015 se esperan unos .... millones de visitantes, procedentes ....

3. Este año más de .... millones de personas van a visitar la República Dominicana. La mayoría son ....

13

Observa las imágenes y completa las fichas.

- • Los Picos de Europa
- • El Museo del Prado
- • La Alhambra
- • La Ciudad de las Artes y las Ciencias
- • El Museo Guggenheim
- • La Sagrada Familia

- • Bilbao
- • Madrid
- • Asturias
- • Valencia
- • Barcelona
- • Granada

1

- ¿Qué es?

....

- ¿Dónde está?

....

- ¿Es conocido en tu país?

....

2

- ¿Qué es?

....

- ¿Dónde está?

....

- ¿Es conocido en tu país?

....

3

- ¿Qué es?

....

- ¿Dónde está?

....

- ¿Es conocido en tu país?

....

4

- ¿Qué es?

....

- ¿Dónde está?

....

- ¿Es conocido en tu país?

....

5

- ¿Qué es?

....

- ¿Dónde está?

....

- ¿Es conocido en tu país?

....

6

- ¿Qué es?

....

- ¿Dónde está?

....

- ¿Es conocido en tu país?

....

14

Elige dos de las fotos y busca más información sobre ese lugar. Luego, en clase, por grupos, vais a compartir la información que habéis recogido.

15

Candela y Clara van de compras. Candela compra una cosa de cada clase y Clara, varias. Escribe la lista de Clara.

Candela		**Clara**
Un diccionario de español	**(4)**	Cuatro diccionarios de español
Un jamón	**(3)**	
Un bote de aceitunas	**(2)**	
Un paquete de café	**(5)**	
Un lápiz negro	**(6)**	
Una botella de vino	**(8)**	

16

Busca diez palabras de la unidad y completa la tabla.

Masculino singular	Masculino plural	Femenino singular	Femenino plural
el perro	los perros	la camiseta	las camisetas

ARCHIVO
DE LÉXICO

17

¿Cuántas palabras puedes escribir con las letras de cada fila?
¿Quién puede encontrar la palabra más larga?

M O N S L A J D I   *sol, la, jamón*

L O G E R A U N T R

H O C E L E P S A L

T A U T S R I A T Z J C

18

Completa las frases con una de estas palabras.

- **cerveza**
- **bebida**
- **cava**
- **chorizo**
- **bote**
- **padre**
- **escandinavo**

1. Una comida o una .... típica.

2. Un .... de aceitunas o un paquete de café.

3. Un .... o un jamón ibérico.

4. Una botella de vino o de ....

5. Una lata de .... o de Coca-Cola.

6. Un recuerdo para mi madre o para mi ....

7. Un turista británico o ....

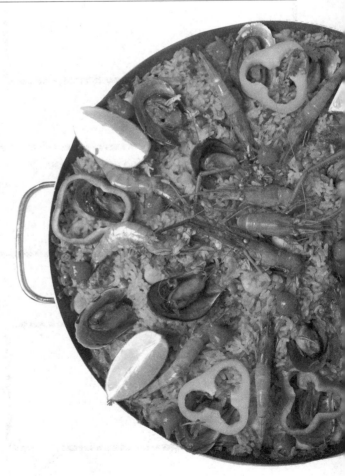

19

¿Qué elementos pueden ir después de cada verbo?

| trabaja |
| elige |
| inventa |
| piensa |
| habla |
| completa |

en un objeto
con tu compañero/a
las frases siguientes
en grupo o en parejas
una foto
otra pregunta

....
....
....
....
....
....
....

20

Contesta a estas preguntas y escribe tú dos más para hacérselas a un compañero.

¿Cuáles son los artículos masculinos?
....
¿Y los femeninos?
....

¿"Lápiz" termina en consonante o en vocal?
....
¿Y "amigo"?
....

¿Cuál es el femenino de "marroquí"?
....
¿Y el de "canadiense"?
....

¿Cuál es el plural de "vocal"?
....
¿Y el de "café"?
....

....
....
....
....

¿Cuál es el masculino de "esta"?
....
¿Y el plural?
....

VÍDEO

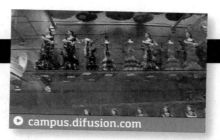

▶ campus.difusion.com

21 🔢

¿Recuerdas qué cosas compran las personas del vídeo? Habla con tu compañero y escríbelo aquí.

....

....

....

....

....

22 🔢

Vuelve a ver el vídeo hasta el minuto 01.30 y anota todas las cosas que ves. Compara tu lista con la de un compañero y haced una común. ¿Qué pareja tiene más cosas en su lista?

....

....

....

....

23

Vuelve a ver el vídeo desde el minuto 01.31 y completa esta tabla.

	Compra un/una...	¿Quién?	¿Cuánto cuesta?	¿Para quién?
1.	Un toro de peluche	el chico de rojo	30 euros	para su sobrino —nephew
2.	Una postal		30 centavos	madre
3.	Unas botas		20 erous	mi
4.	una zapatos		29 euros	hermana —sister

SU PAREJA Y SUS HIJOS

01
LOS ALTERIO

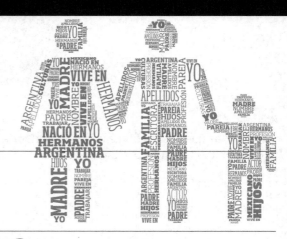

1

Mirad los carteles de películas y series de las páginas 48 y 49.
¿Quién puede anotar más nombres y más apellidos en un minuto?

Nombres	Apellidos

2

Completa este árbol con las informaciones de la familia del texto de las páginas 48 y 49 del Libro del alumno.

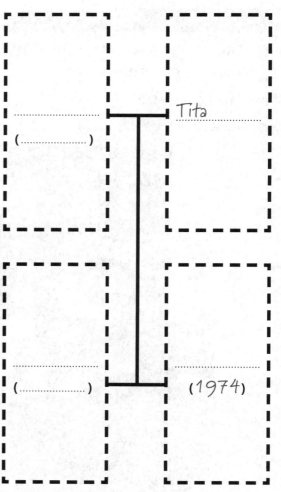

3

Mira este árbol genealógico y marca si las frases de la tabla son verdaderas (V) o falsas (F).

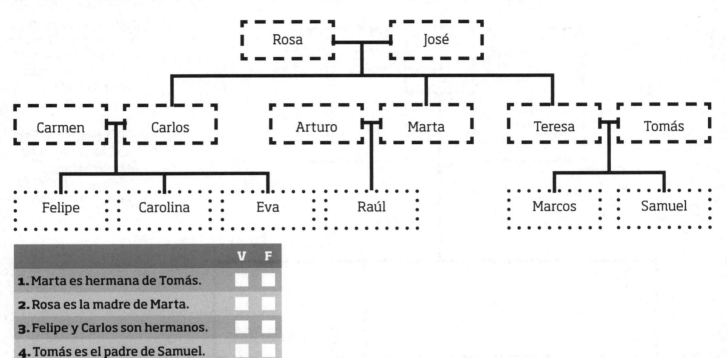

	V	F
1. Marta es hermana de Tomás.	☐	☐
2. Rosa es la madre de Marta.	☐	☐
3. Felipe y Carlos son hermanos.	☐	☐
4. Tomás es el padre de Samuel.	☐	☐
5. Carmen está casada con Carlos.	☐	☐

4

Lee estas frases. ¿Cómo se dicen en tu lengua las palabras en rojo?

1. Samuel y Carolina son primos.

....

2. Carmen y Teresa son cuñadas de Arturo.

....

3. Rosa es la abuela de Raúl.

....

4. Marcos y Samuel son nietos de José.

....

5. Teresa y Tomás son tíos de Raúl.

....

5

En parejas, uno dice dos nombres del árbol y el compañero dice la relación que tienen.

66

—Rosa y Raúl.
—Abuela y nieto. 99

6

Piensa en alguna familia famosa de tu país. Escribe un texto breve como el de la página 48 y preséntalo en clase.

7

Agustín nos habla de su familia. Escucha y rellena su árbol genealógico.

8

Dibuja un árbol de tu propia familia sin poner los nombres. Intercambia el libro con tu compañero y haceos preguntas para rellenar vuestros árboles.

—*¿Tienes hermanos?*
—*Sí, un hermano y una hermana.*
—*¿Cómo se llama tu hermano?*

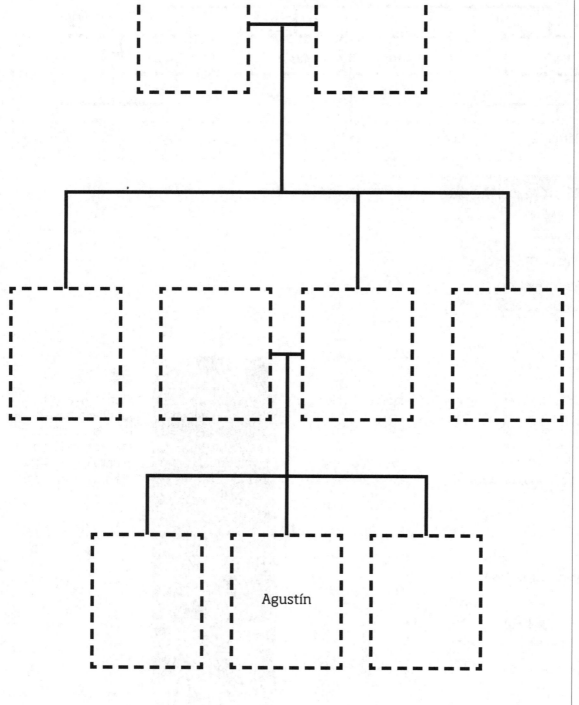

Agustín

9

Pablo escribe sobre su familia. Lee el texto y subraya las palabras de relaciones familiares (padre, madre…) y los posesivos. Después, escribe frases sobre él y dibuja su árbol.

En mi familia mucha gente se llama Luis. Mi padre es Luis, mi hijo es Luis y mis abuelos paternos (los padres de mi padre) se llamaban Luis y Luisa. La hermana de mi padre y su hija también se llaman Luisa. Yo, afortunadamente, me llamo Pablo, que no es ni mejor ni peor, pero sí diferente. Y otra cosa curiosa en los nombres en mi familia es que casi todas las mujeres de mi familia tienen nombres que empiezan por C: mi mujer, Carmen, mi hija, Candela, y mi abuela materna y mi hermana, que se llaman Carolina. Carolina, además, está casada con Clemente y tienen una hija que se llama Carmela. ¡Cinco nombres con C! Mi madre no: mi madre se llama Blanca. Y tengo otro hermano, Juan, que decidió formar una familia propia con nombres poco "familiares": su mujer es María, y sus hijos Lola y Teo.

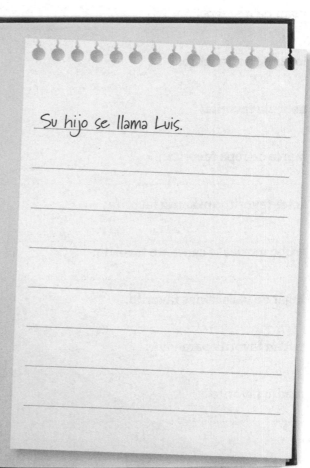

Su hijo se llama Luis.

10

Escribe tus datos.

Mi lugar de residencia:
....

Mi lugar de nacimiento:
....

Mi película favorita:
....

Mi marca de ropa favorita:
....

Mi actor favorito/mi actriz favorita:
....

Mi grupo musical o cantante favorito:
....

Mi lugar de vacaciones favorito:
....

Mi ciudad favorita para vivir:
....

Mi cuadro favorito:
....

Mi revista favorita:
....

Mi disco favorito en este momento:
....

Mi restaurante favorito en esta ciudad:
....

Mi ...
....

Mi ...
....

Mi ...
....

11 👥

Intercambia tu libro con tu compañero y mira lo que ha escrito en la actividad 10. Anota tres datos interesantes y todo lo que tenéis en común. Coméntalo con los compañeros.

❝
Su lugar de nacimiento es Roma, nuestro actor favorito es Ben Affleck...
❞
⬆

12 🔊 **12**

Escucha estos mensajes en el contestador de Alfredo. ¿Quién lo llama?

Mensaje 1:
....
....

Mensaje 2:
....
....

Mensaje 3:
....
....

Mensaje 4:
....
....

Mensaje 5:
....
....

Mensaje 6:
....
....

13 Escucha otra vez y anota qué palabras has entendido en cada fragmento.

Fragmento 1: Hijo....

14 Escucha las siguientes frases. Repítelas hasta que tu entonación sea igual que la de la grabación.

1.
- Es tu hermano.
- ¿Es tu hermano?

2.
- ¿Es un amigo?
- Es un amigo.

3.
- ¿Es mi madre?
- Es mi madre.

4.
- ¿Es su pareja?
- Es su pareja.

5.
- ¿Este es el padre de tu novia?
- Este es el padre de tu novia.

6.
- ¿Esta es la hermana de tu madre?
- Esta es la hermana de tu madre.

7.
- El hijo de su pareja es argentino.
- ¿El hijo de su pareja es argentino?

8.
- Su padre se llama Ernesto.
- ¿Su padre se llama Ernesto?

9.
- ¿Tu marido es este?
- Tu marido es este.

10.
- ¿Su mujer es esta?
- Su mujer es esta.

15 Escucha y señala cuál de las dos frases dicen en cada caso.

16 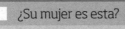 En parejas. Lee a tu compañero una frase de cada par. ¿Puede adivinar cuál es?

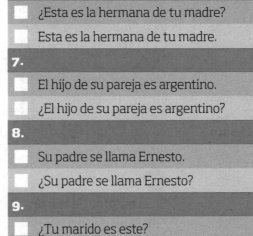

02
DOCE PERSONAJES IMPRESCINDIBLES

 17

Busca lo siguiente entre los personajes de las páginas 52 y 53.

1. Un hombre que cocina muy bien:

....

2. Una mujer que nació en España:

....

3. Una jugadora de tenis:

....

4. Un actor:

....

5. Un deportista:

....

6. Un periodista y escritor:

....

7. Una piloto:

....

8. Un director de cine:

....

9. Una escritora chilena:

....

10. Una persona nacida en México:

....

18

Completa las fichas de estos personajes hispanos con los siguientes datos.

Frida	*Don Quijote de la Mancha*	pintor	1746
	La maja desnuda	~~Cervantes~~	Lucientes
Autorretrato con collar		Coyoacán (México)	Saavedra
1547	~~Kahlo~~	1907	pintora	Zaragoza (España)
Alcalá de Henares (España)	~~Goya~~		Miguel
Calderón	escritor		Francisco

Nombre			
Primer apellido	Goya	Cervantes	Kahlo
Segundo apellido			
Lugar de nacimiento			
Año de nacimiento			
Profesión			
Autor de...			

 19

En el entorno de Martín hay gente de diferentes países. Seguro que entre tus conocidos, amigos y familiares también. Lee lo que dice Martín y, luego, escribe tú todas las frases que puedas sobre tu entorno.

> Mi exmujer es **española**, mi novia es **iraní**, tengo muchos amigos **canadienses**, una tía **alemana**, un vecino **senegalés**, un compañero de trabajo **chino** y una compañera **belga**.

20

Escribe diez combinaciones de profesión más nacionalidad (cinco masculinas y cinco femeninas).
¿Sabes el nombre de personajes famosos con esas características?

1. *Un cantante español: Enrique Iglesias*

2. Una ....

3. Un ....

4. Una ....

5. Un ....

6. Una ....

7. Un ....

8. Una ....

9. Un ....

10. Una ....

21

Fíjate en las profesiones de los personajes de las páginas 52 y 53 y completa el cuadro.
Luego añade dos profesiones más.

Masculino	Femenino
actor	actora
director	directora

22

Dibuja en tu cuaderno una tabla como la del ejercicio 21 y clasifica en ella las nacionalidades de los doce personajes. Añade dos más.

ARCHIVO DE LÉXICO

 23

Relaciona las preguntas y las respuestas de manera lógica.

1. ¿De dónde eres?

2. ¿De dónde sois?

3. ¿Tienes 15 años?

4. ¿Tienes perro?

5. ¿Trabajan los dos en un hospital?

6. ¿Tu padre trabaja en la universidad?

7. Sois latinoamericanos, ¿no?

a. No, yo tengo 16, mi hermano tiene 15.

b. Sí, él es enfermero y ella es médica.

c. Sí, es profesor de Biología.

d. Soy alemán.

e. No, tengo gato.

f. Yo soy ruso y mi novia es italiana.

g. Sí, pero nosotros somos argentinos y ellos son chilenos.

24

Marca ahora la regla correcta.
- ☐ Siempre usamos los pronombres sujeto (yo, tú, él, ella, etc.) antes del verbo.
- ☐ Usamos los pronombres sujeto (yo, tú, él, ella, etc.) antes del verbo cuando queremos distinguir u oponer a varios sujetos.

⬅

25

Forma grupos con estas palabras. ¿Qué criterios has usado?

- madre
- escribir
- hijo
- cantante
- escritor
- amigo
- actor
- feo
- marido
- bajo
- pintor
- rubio
- título
- pintar
- apellido
- nombre
- joven
- cantar
- alto
- compañero
- actriz
- jugador
- película
- guapo
- mayor
- mujer
- jugar
- moreno

26

Traduce a tu lengua.

	En mi lengua
1. ¿Leo yo o lees tú?	
2. ¿"Mayor" es lo mismo que "viejo"?	
3. Es fácil.	
4. Es difícil.	
5. ¿Quién empieza?	
6. Un momento, por favor.	
7. Pregúntame.	

VÍDEO

▶ campus.difusion.com

27

¿Qué recuerdas sobre estas personas del vídeo? Escríbelo debajo de cada una.

....

....

....

....

....

....

....

....

....

....

....

....

28

Vuelve a ver el vídeo y señala quién dice las siguientes cosas.

	Madre	Padre	Hija mayor	Hija pequeña
1. Yo soy de Perú, de Puno, de la sierra de Perú.	☐	☐	☐	☐
2. Nací en un pueblo de Cáceres, en Extremadura.	☐	☐	☐	☐
3. Estudio aquí, en el instituto de El Escorial.	☐	☐	☐	☐
4. Vine a España en el año 1991.	☐	☐	☐	☐
5. Me dedico a hacer de todo.	☐	☐	☐	☐
6. Tengo aquí una mejor amiga, que es esta y se llama Rocío.	☐	☐	☐	☐
7. Yo me siento más española, pero también tengo parte de Perú.	☐	☐	☐	☐

29

¿Qué significan las palabras resaltadas? Habla con un compañero.

1. Yo soy de Perú, de Puno, de la sierra de Perú.

....

2. Nací en un pueblo de Cáceres, en Extremadura.

....

3. Estudio aquí, en el instituto de El Escorial.

....

4. Vine a España en el año 1991.

....

5. Me dedico a hacer de todo.

....

6. Tengo aquí una mejor amiga, que es esta y se llama Rocío.

....

7. Yo me siento más española, pero también tengo parte de Perú.

....

UNIDAD DE REPASO
1

Lee este texto sobre los nombres en España y completa estas frases que dice Laura Cañadas, una chica española. Escribe después cómo es en tu país.

¿SABÍAS QUE...?

En España y en muchos países hispanohablantes los hijos tienen los primeros apellidos de sus padres.

En España y la mayoría de países hispanohablantes las mujeres no pierden oficialmente sus apellidos.

En situaciones familiares, se conoce a una pareja por el apellido del hombre (por ejemplo, **los García**).

En Hispanoamérica, las mujeres casadas pueden añadir el apellido de su marido al suyo con la preposición **de**. Por ejemplo, si **Clara Reyes Alba** se casa con **Alberto Gómez Rodríguez**, su nombre puede ser **Clara Reyes de Gómez**. Tanto en España como en Latinoamérica son muy frecuentes los apellidos terminados en **–ez**: **Fernández, González, López**, etc.

Muchos apellidos son:

- nombres de lugar: **Salamanca, Soria** o de origen: **Segoviano, Gallego**;

- nombres de profesiones: **Zapatero, Herrero, Sastre, Carnicero**...

- nombres propios: **García, Alonso, Mateo**...

1.

- Tenemos .... apellidos: normalmente, el primero del .... y el segundo de la ....

En mi país ....

2.

- Las mujeres .... perdemos nuestros .... al casarnos.

En mi país ....

3.

- En el trabajo casi todos nos hablamos con la forma .... Es bastante raro usar la forma **usted**.

En mi país ....

4.

- Pero en un hotel, por ejemplo, me llaman .... Cañadas y me hablan con la forma ....

En mi país ....

5.

- Tenemos muchos nombres .... Yo, por ejemplo, me llamo María del Carmen; mi hermano es José Luis y mi madre María José.

En mi país ....

2 NOMBRES Y APELLIDOS

¿Cuántas cosas puedes decir de esta mujer?

Nombre

Primer apellido de su padre

Primer apellido de su madre

Un apellido suyo que es nombre de ciudad

Un apellido suyo acabado en **-ez**

DOÑA
**Luisa Fernanda
Rodríguez Sevilla**

3 LA FAMILIA

La familia de Marcos es una familia como muchas otras familias españolas. Lee el texto y subraya qué cosas no serían muy normales en tu país.

Tengo 13 años y vivo con mi madre, que se llama Carla, con su nuevo marido, Federico, y con su hija Marta. Marta tiene 27 años, estudia un máster y trabaja los fines de semana en un restaurante, pero todavía vive con nosotros porque su novio y ella no tienen dinero para irse a vivir solos. Mi madre trabaja en una empresa de transporte y yo paso muchas tardes con mi abuela: mi abuela vive en el mismo barrio que nosotros y la veo casi todos los días.

Mi padre vive con su nueva mujer en otra ciudad y tienen una hija, Eleonora. Mi padre tiene siete hermanos y muchos domingos comemos todos juntos (mis tíos, mis tías, mis primos...) en la casa de mis otros abuelos, en el pueblo.

4

Escribe ahora cómo es en tu país.

“
En mi país, los jóvenes de 27 años no viven con sus padres.
„

5 — LOS NÚMEROS

Escribe en cifras y en letras los siguientes años.

El año en que naciste:

....

....

....

Tu último año como estudiante:

....

....

....

Tu primer año en tu trabajo o en tus estudios actuales:

....

....

....

El año de tu primer viaje al extranjero:

....

....

....

El año de tu primer viaje a España o a un país hispano:

....

....

....

El año más interesante o más bonito de tu vida:

....

....

....

6 — LOS NÚMEROS

Subraya las terminaciones que te permiten distinguir entre masculino y femenino. Indica el género en cada caso.

	M	F
1. Doscient_os_ cincuenta mil ingles_es_:	☐	☐
2. Mil trescientas treinta y cinco españolas:	☐	☐
3. Doscientas cincuenta mil personas:	☐	☐
4. Mil trescientos treinta y ocho gramos:	☐	☐
5. Quinientas mil doscientas treinta libras esterlinas:	☐	☐
6. Ocho mil cuatrocientos diez japoneses:	☐	☐
7. Mil quinientos ochenta y tres años:	☐	☐
8. Seiscientas mil treinta camisetas:	☐	☐

7 — LOS NÚMEROS

Escribe el final correcto en cada caso: ¿**-os**, **-as** o pueden ser los dos?

1. Ochenta mil trescient........ quince estadounidenses

2. Cuatrocient........ cincuenta turistas

3. Quinient........ veinte hondureñas

4. Novecient........ alemanes

5. Mil seiscient........ portugueses

6. Un millón trescient........ mil marroquíes

7. Un millón ochocient........ mil belgas

8 — LOS NÚMEROS

Completa con las letras y palabras que faltan en la lista de *souvenirs* que transporta este camión.

1. Tres mil seiscient.................... vestidos de flamenca

2. Doscient........ mil setecient.................... camisetas del Real Madrid

3. Mil trescient.................... sombreros cordobeses

4. (940) .... cajas de postales

5. (5550) .... libros de cocina española

6. (2700) .... pósteres de monumentos

7. (175 000) .... bolígrafos rojos y amarillos

8. (9650) .... tazas de Picasso y Goya

9 🔊 **15** **LOS NÚMEROS**

¿Libras esterlinas o euros? Escucha estos números y marca la moneda de la que hablan.

	Euros	Libras	Número
1.	☐	☐	....
2.	☐	☐	....
3.	☐	☐	....
4.	☐	☐	....
5.	☐	☐	....

10 🔊 **15**

Vuelve a escuchar y, esta vez, anota los números.

←

---

11 **PREPOSICIONES**

Escribe las preposiciones **de** o **para** y completa con tu opinión.

1. Una palabra en español difícil .... pronunciar: ....

2. Un idioma útil .... los negocios:
....

3. Una frase en español fácil .... recordar:
....

4. Un libro importante............................... ti:
....

5. Las lenguas oficiales ....tu país:
....

6. El deporte favorito....................los españoles:
....

7. Dos preposiciones fáciles .... recordar y muy útiles .... hablar en español:......................... y ....

Una palabra en español difícil
de pronunciar: "raro"

---

12 **GENTILICIOS**

Mira este mapa de España y elige cinco comunidades autónomas que te interesen. Busca los nombres en internet y cómo se llaman sus habitantes en la lista que tienes abajo.

- **gallego**
- **castellanoleonés**
- **extremeño**
- **andaluz**
- **asturiano**
- **cántabro**
- **vasco**
- **navarro**
- **madrileño**
- **castellanomanchego**

- **murciano**
- **ceutí**
- **canario**
- **riojano**
- **aragonés**
- **valenciano**
- **melillense**
- **catalán**
- **balear**

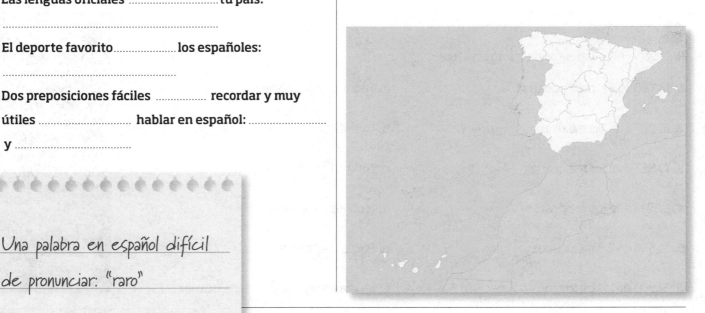

13 CONCORDANCIA

Completa según su género las palabras cortadas. Después busca (en libros o en internet) un ejemplo de cada cosa.

1. Un............ **playa canari** ....: _Maspalomas_ ....
2. Un............ **montaña catalan** ....: ....
3. Un............ **ciudad andaluz**........: ....
4. Un............ **pintor aragon**................: ....
5. Un............ **pueblo valencian**................: ....
6. Un............ **producto típic** .... **riojan** ....: ....

14 PRODUCTOS Y ENVASES

¿En qué envases es posible encontrar estos productos?

1. _Una caja, una lata, un paquete_ .... **de bombones**
2. .... **de cava**
3. .... **de café**
4. .... **de sal**
5. .... **de vino blanco**
6. .... **de aceitunas**
7. .... **de arroz**
8. .... **de aceite**
9. .... **de galletas**
10. .... **de té**

15 CANTIDADES

Relaciona los elementos de las dos columnas.

1. El 100 % de los mexicanos

2. El 90 % de los mexicanos

3. El 85 % de los mexicanos

4. El 50 % de los mexicanos

5. El 5 % de los mexicanos

6. El 0 % de los mexicanos

a. Todos los mexicanos

b. La mitad de los mexicanos

c. Ningún mexicano

d. Muchos mexicanos

e. Pocos mexicanos

f. La gran mayoría de los mexicanos

16
Escribe frases con las expresiones anteriores sobre los habitantes de tu país. ¡No te preocupes si no son datos exactos!

17 TÚ y USTED

Mira las viñetas. ¿Usan **tú** o **usted** en las diferentes situaciones?
Subraya las formas que lo indican.

— ¿CÓMO SE LLAMA?
— MARÍA MARCOS LIRIA. ¿TIENE UN BOLÍGRAFO, POR FAVOR?

— ¿Y POR QUÉ ESTUDIAS ALEMÁN?
— MI NOVIO ES AUSTRIACO.

— ¿CÓMO TE LLAMAS?

— LA SEÑORA LIRIA ES SU MADRE, ¿NO?

1

2

3

4

— ¿ME ENSEÑA SU TARJETA DE EMBARQUE, POR FAVOR?

— ¿ES PARA TU NOVIO?

— ¿TRABAJAS MAÑANA?

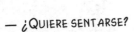

5

6

7

— ¿QUIERE SENTARSE?
— ERES MUY AMABLE, GUAPA.

— ¿EL CAFÉ Y EL CRUASÁN SON PARA TI?

— PERDONE, ¿HABLA INGLÉS?

8

9

10

18

En tu lengua, ¿qué tratamiento se darían normalmente las personas de las ilustraciones en esas situaciones? Coméntalo con tus compañeros.

←

19 VERBOS DE LENGUA

Escribe frases sobre ti y sobre personas que conoces con los siguientes recursos..

hablar
aprender
entender
leer en
comunicarse en
escribir en

un idioma extranjero
dos lenguas extranjeras
español
inglés
alemán

No hablo italiano, pero entiendo un poco.
Mi mujer lee en alemán y en francés.

20 **INFORMACIÓN PERSONAL**

Completa estos diálogos. Elige entre las frases del recuadro.

> - **¿Carlos es su marido?**
> - **¿Estás soltera?**
> - **Entonces, trabaja con Laura...**
> - **¿Vives muy lejos?**
> - **Yo conozco a sus hermanas.**
> - **Eres muy amable.**
> - **¿Y a qué se dedica?**
> - **Es el señor Ponce.**
> - **¿Estudias o trabajas?**
> - **¿La señora López es su vecina?**
> - **¿Son tus hijos?**
> - **¿Cómo se llama?**
> - **Yo soy profesora de español, ¿y tú?**
> - **¿Y usted es la señora Martín?**
> - **Sí, estoy casada.**

1.

- ¿Cómo se llama?

- Antonia.

- ....

- Soy secretaria en una empresa.

2.

- ¿Vives aquí?

- No, no, vivo en Barcelona. Estoy de vacaciones.

- Y, ...

- Estudio Medicina, ¿y tú?

3.

- Mira, esta es mi hija mayor.

- ¡Qué guapa! ....

- María José.

21

Elige otras tres frases del recuadro y escribe diálogos breves con cada una.

22 **INFORMACIÓN PERSONAL**

Escribe un texto explicando cómo es tu pareja ideal: su edad, su nacionalidad, su lugar de residencia, su familia, su música favorita, sus películas y libros favoritos... Busca una foto o haz un dibujo de esa persona.

23

Colgad los textos en las paredes de clase. Leed los textos de los compañeros y preguntad lo que no entendéis.

24   **POSESIVOS**

Completa la tabla con cosas que puedes ver en clase y lee tu lista a un compañero. ¿Quién ha escrito más palabras?

Cosas mías	mi/mis	mi silla,
Cosas de un compañero	tu/tus	tus libros,
Cosas de mi profesor	su/sus	su camiseta,

25

Lee tus frases al resto de la clase señalando los objetos que has escrito.

26 **DEMOSTRATIVOS**

Escribe el demostrativo correcto para cada diálogo.

Felipe: .... zapatos son elegantes.
Juanjo: Sí, pero caros.

Felipe: .... botas son muy bonitas. ¿no?
Juanjo: Sí, y no son muy caras.

Susana: ¿Crees que .... camiseta es bonita para Laura?
Ainhoa: Mmm, no, para Laura no, demasiado moderna.

Clienta: Quiero .... pantalones, ¡son muy cómodos! ¿Cuánto cuestan?
Vendedor: .... cuestan 45 euros.

---

27 **LÉXICO**

¿Qué son? Completa las palabras inacabadas.

1. Teresa, María, Ana, Luis son

n..

2. García, Segovia, Gómez son

a..

3. Marroquí, italiano, chino son

n..

4. Actor, médico, zapatero son

p..

5. 1, 56, 34, 79 son

n..

---

28 **LÉXICO**

Y ahora, al contrario. Completa la lista de cada categoría.

1. .... , ... , ... , ...
son estados civiles.

2. .... , ... , ... , ...
son verbos para hablar de lenguas.

3. .... , ... , ... , ...
son envases.

4. .... , ... , ... , ...
son cifras.

5. .... , ... , ... , ...
son letras.

TRABAJAR, COMER Y DORMIR

01
LA SIESTA

1

De las siguientes palabras, ¿cuáles tienen relación con la siesta? Márcalas con una x.

- ☐ **TIENDA**
- ☐ GIMNASIO
- ☐ **SUEÑO**
- ☐ MAÑANA
- ☐ **DESCANSAR**
- ☐ **CLASE**
- ☐ **SANGRE**
- ☐ CERCA
- ☐ **LEER EL PERIÓDICO**
- ☐ DORMIR
- ☐ TELE
- ☐ SOFÁ
- ☐ **COMER**
- ☐ **CAMA**
- ☐ **FUNCIONARIO**
- ☐ ANTES DE CENAR
- ☐ **ESTUDIAR**

2

Añade ahora dos o tres ideas más que relacionas con la siesta.

3

¿Quién de vosotros duerme la siesta? Pregunta a cinco compañeros.

Nombre	Sí duerme la siesta	Duerme la siesta a veces	No duerme la siesta nunca

 Yo nunca duermo la siesta. ¿Y tú?

4

Escribe las profesiones que aparecen en las páginas 60 y 61. ¿Las formas masculinas y femeninas son iguales? Puedes usar el diccionario.

Masculino	Femenino
estudiante	estudiante

5

Escoge cinco palabras que te interese recordar de las páginas 60 y 61.
Luego escribe una frase sobre ti con cada una.

> Sofá   En mi casa tengo un sofá muy cómodo. ....

> ....

> ....

> ....

> ....

> ....

6

Copia las frases anteriores en otro papel, dejando un hueco en el lugar de las palabras elegidas. Intercambia tu papel con un compañero. ¿Sabe qué palabras faltan?

←

7 ◀⧐ 16-17

Dos personas nos cuentan cómo es un día normal en su vida. ¿A qué crees que se dedican?

1. ....

2. ....

8 👥

En parejas, escoged una profesión y explicad en un texto breve qué hacéis todos los días. Luego leéis el texto a toda la clase y los compañeros intentan averiguar de qué profesión se trata.

←

9 ◀⧐ 18

Escribe en estos textos los verbos que faltan. Luego, comprueba tus respuestas con la audición.

1. Encarnación Higueras y Samuel Comas.
Comerciantes

> **Nosotros** .... **en una tienda: de 9 a 14 h y de 17 a 20 h.** .... **todos los días en casa porque** .... **muy cerca y después de comer** .... **un rato en el sofá, 15 o 20 minutos, nunca más.**

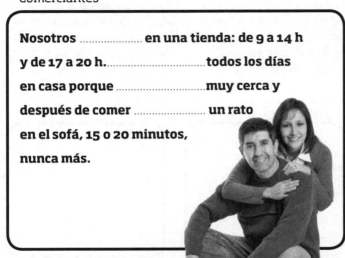

2. Luis de Santiago.
Informático

> **Pues yo, antes de ir a trabajar,** .... **un poco de deporte. A las 10 h** .... **a mi oficina y** .... **a casa a las 7 o las 8 de la tarde, así que normalmente no** .... **la siesta. Bueno, los sábados y domingos, sí.**

10

Clasifica estos verbos según su irregularidad. Puedes utilizar el diccionario.

- dormir
- querer
- saber

- morir
- pensar
- cerrar

- encontrar
- hacer
- poner

o > ue	e >ie	1ª p. irregular
....	....	....
....	....	....
....	....	....

11

Con ayuda del diccionario, escribe en tu cuaderno una actividad que haces estos días.

- los días laborables
- los fines de semana
- los días festivos
- los lunes
- los martes

- los miércoles
- los jueves
- los viernes
- los sábados
- los domingos

12

Lee estas frases escritas por alumnos de español sobre su vida cotidiana y reacciona.

- **Yo también**
- **Yo no**

- **Yo, a veces**
- **Yo, depende**

- **Yo...**

1. Los fines de semana **salgo** mucho: viernes, sábados e incluso domingos.
Yo ....

2. Los domingos normalmente **hago** comida para mis amigos.
Yo ....
....

3. Todos los días **voy** a correr, al gimnasio o a yoga.
Yo ....
....

4. Entre semana **duermo** unas cinco o seis horas. Nunca más.
Yo ....
....

5. Tengo clase de español los martes y los jueves.
Yo ....
....

6. Tengo un horario flexible y **empiezo a trabajar** entre las 9 y las 10 h.
Yo ....
....

13

Aisha es una estudiante egipcia que vive en España. ¿Qué respondes tú a las mismas preguntas? Intenta usar en tus respuestas las palabras destacadas en gris.

1. ¿Desayunas mucho?
Aisha: Pues no, no mucho. Me levanto a las 7 h y normalmente desayuno en casa: un café, galletas... y salgo rápido para clase. A veces a media mañana tomo algo: otro café y una tostada, pero a veces nada.

2. ¿Qué horario tienes?
Aisha: Pues trabajo en una tienda por la tarde, de 4 a 7 h. Por la mañana voy a clase de español. La clase empieza a las 10 h y termina a las 13 h. Hacemos una pausa de 30 minutos y en ese rato como algo. Luego voy al trabajo.

3. ¿Vas directamente del trabajo a casa?
Aisha: Pues, no. Antes de volver a casa, voy a tomar algo con unas amigas. A veces también hago la compra, depende del día.

4. ¿Y cuándo estudias español?
Aisha: Depende. Normalmente por la noche antes de acostarme hago los deberes. Los fines de semana leo un poco en español... ¡Pero no estudio mucho!

Yo: ....

Yo: ....

Yo: ....

Yo: ....

Observa cómo es un día normal para esta mujer. Decide si tiene una vida emocionante, normal, extraña, curiosa, aburrida, etc.

  Imagina un nombre para la mujer y escribe un texto (puedes añadir más actividades). Léele tu texto a un compañero, que tendrá que poner en orden las imágenes según tu relato.

" Yo creo que Inés tiene una vida muy… "

02
COMER TARDE Y DORMIR POCO

16

Tienes que hacer esta serie de cosas en una ciudad española. ¿Crees que puedes hacerlas o no? Luego lee los textos de las páginas 64 y 65 y comprueba tus respuestas.

	Sí	No
1. Ir al banco a las cuatro de la tarde.	☐	☑
2. Cenar a las 23 h en un restaurante.	☑	☐
3. Ir a una discoteca a las cuatro de la mañana.	☐	☑
4. Comprar unos pantalones a las 14.30 h en una tienda pequeña de ropa.	☐	☑
5. Ir al cine a las diez de la noche.	☑	☐
6. Ir a la peluquería un domingo por la tarde.	☐	☑

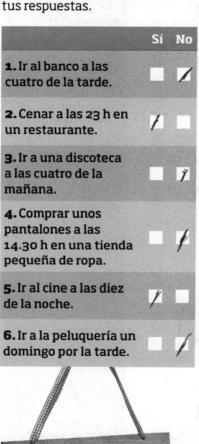

17

Lee estos diálogos. Marca en cada caso quiénes hablan y dónde pueden estar.

1.
– Perdone, ¿está abierto?
– Lo siento, cerramos a las ocho y media.
– Ah, gracias.

¿Quién? ☐ un empleado y un cliente   **¿Dónde?** ☐ en un bar
☐ dos amigos   ☐ en una tienda de ropa
☐ en un banco

2.
– ¿Podemos entrar?
– Hasta las ocho no abrimos, y son menos veinte.

¿Quién? ☐ un empleado y un cliente   **¿Dónde?** ☐ en una agencia de viajes
☐ dos amigos   ☐ en una discoteca
☐ en Correos

3.
– ¿A qué hora abren?
– No lo sé. Pero a mediodía cierran.

¿Quién? ☐ un empleado y un cliente   **¿Dónde?** ☐ en una peluquería
☐ dos amigos   ☐ en un banco
☐ en un restaurante

4.
– Perdone, ¿qué horario tienen?
– De nueve a cuatro. Los fines de semana de diez a cinco.

¿Quién? ☐ un empleado y un cliente   **¿Dónde?** ☐ en una librería
☐ dos amigos   ☐ en un supermercado
☐ en un museo

5.
– Oye, ¿tú sabes a qué hora cierran?
– Muy pronto, a las diez de la noche.

¿Quién? ☐ un empleado y un cliente   **¿Dónde?** ☐ en un bar
☐ dos amigos   ☐ en una tienda de ropa
☐ en un banco

6.
– Perdone, ¿cierran a mediodía?
– No, no cerramos.

¿Quién? ☐ un empleado y un cliente   **¿Dónde?** ☐ en un gimnasio
☐ dos amigos   ☐ en una perfumería
☐ en una pescadería

18

Escribe en un papel una hora entre las doce del mediodía y las doce de la noche. Tu compañero tiene diez oportunidades para descubrir qué hora es. Tú sólo puedes decir **antes** o **después**.

19

¿Cuál es la respuesta correcta en cada caso?

1. ¿A qué hora abre el súper?
- [ ] Son las nueve de la mañana.
- [ ] A las nueve de la mañana.

2. ¿A qué hora llega el avión de Paco?
- [ ] Son las siete.
- [ ] A las siete.

3. ¿Qué hora es?
- [ ] Son las siete y cuarto.
- [ ] A las siete y cuarto.

4. ¿Tu madre viene hoy?
- [ ] Sí, a las ocho y media.
- [ ] Sí, son las ocho y media.

5. ¿Es la una?
- [ ] Sí, a la una.
- [ ] No, las dos.

20

Escribe preguntas para estas respuestas.

1.

– ....

– A las dos o a las tres, no sé.

2.

– ....

– Las cuatro y media, ¿por qué?

3.

– ....

– No, no. Son las doce de la noche.

4.

– ....

– Una hora menos: las cinco menos veinte.

21

¿Singular o plural? Marca la opción correcta.

1. Casi todas las tiendas de mi barrio...
- [ ] cierra los domingos.
- [ ] cierran los domingos.

2. Muchos compañeros de clase...
- [ ] vive en el centro.
- [ ] viven en el centro.

3. La mayoría de los niños españoles...
- [ ] aprende inglés en el colegio.
- [ ] aprenden inglés en el colegio.

4. Todo el mundo...
- [ ] se va de vacaciones en agosto.
- [ ] se van de vacaciones en agosto.

5. En general, en España...
- [ ] se cena tarde.
- [ ] cena tarde.

6. La mayoría de las tiendas...
- [ ] abre a las 10 h.
- [ ] abren a las 10 h.

7. Mucha gente en esta ciudad...
- [ ] va en bici al trabajo.
- [ ] van en bici al trabajo.

8. El 56 % de los trabajadores...
- [ ] tiene estrés.
- [ ] tienen estrés.

9. En general, en Argentina...
- [ ] se come mucha carne.
- [ ] come mucha carne.

10. No todo el mundo en clase...
- [ ] tiene ordenador portátil.
- [ ] tienen ordenador portátil.

22

Carlos nos cuenta algunos hábitos de su familia. Completa las frases y escribe luego cómo se dicen en tu lengua las expresiones de la tabla.

1. Mi padre .... duch................. todas las mañanas.

2. Mi madre también, pero además .... bañ................. los sábados por la tarde.

3. Mi hermana Clara y yo .... bañ................. por la noche y por la mañana solo .... lav................. la cara y las manos antes de ir al colegio. También .... acost................. pronto entre semana, a las ocho y media, porque el colegio empieza muy pronto y .... levant................. a las seis.

4. Mis padres .... acuest................. más tarde, claro, pero también .... levant................. muy temprano.

En mi lengua
lavarse los dientes
ducharse
bañarse
secarse el pelo
afeitarse
acostarse tarde
levantarse temprano
lavarse la cara
lavarse las manos

ARCHIVO DE LÉXICO

23

Coloca estas palabras junto al verbo con el que pueden utilizarse.
Algunas pueden ir con dos verbos.

- **la puerta**
- **a las dos**
- **un café**
- **unos macarrones**
- **una ducha**
- **la ventana**
- **bien/mal**
- **tarde/pronto**
- **postre**
- **un bocadillo**
- **después de las 12 h**
- **una botella de vino**

tomar	comer	abrir/cerrar

24

Escribe cinco frases sobre ti y sobre personas que conoces con los elementos léxicos anteriores.

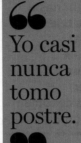

"Yo casi nunca tomo postre."

25

Continúa estas listas.

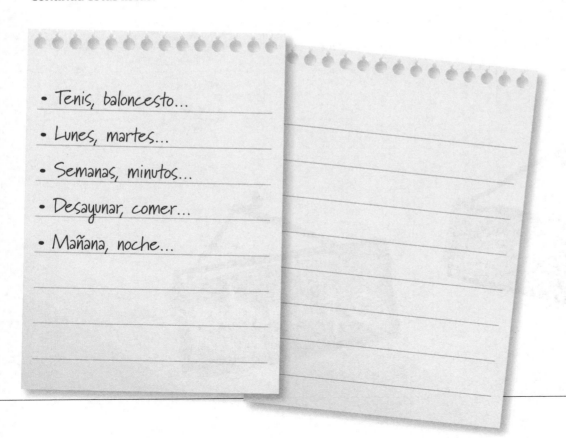

- Tenis, baloncesto...
- Lunes, martes...
- Semanas, minutos...
- Desayunar, comer...
- Mañana, noche...

26

En este cuadro se han mezclado muchas palabras que has trabajado en esta unidad.
Intenta clasificarlas en las columnas de abajo.

- trabajar
- los días festivos
- leer el periódico
- ir al gimnasio
- ver la tele
- oficina
- escuela
- bancos
- cerrar
- antes de comer
- hacer una pausa
- hacer los deberes
- volver a casa
- por la noche
- trabajo
- bar
- desayunar
- empezar
- después de
- descansar
- dormir
- durante las vacaciones
- a mediodía
- tienda
- discoteca
- comer
- por la tarde
- una hora
- hacer deporte
- estudiar
- salir de casa
- los días laborables
- gimnasio
- café
- almorzar
- cenar
- treinta minutos
- abrir
- correr
- entrar
- durante la semana
- colegio
- grandes almacenes
- por la mañana

Acciones cotidianas	Lugares	Expresiones de tiempo

VÍDEO

campus.difusion.com

27

¿Recuerdas qué cosas hace Guillermo? Escríbelas aquí.

....
....
....
....
....
....
....
....
....

28

Vuelve a ver el vídeo y anota a qué hora hace cada actividad. Añade otros detalles sobre cada actividad (con quién, dónde, etc.).

Actividad	Hora	Detalles
....	....	....
....	....	....
....	....	....
....	....	....
....	....	....
....	....	....
....	....	....

29

¿Te parece una vida interesante, aburrida, divertida, cansada...? ¿Por qué? Habla con tus compañeros.

66

Yo creo que Guillermo tiene una vida activa porque hace muchas cosas. **99**

30

Hazte fotos a lo largo de un día, escribe una breve descripción y compártelas con tus compañeros en vuestro espacio virtual.

Salgo de casa a las 8 h.   19:44

¿AL CINE O A TOMAR ALGO?

01
MADRID DE DÍA Y DE NOCHE

 1

Escribe dos características de los lugares de las páginas 72 y 73 del Libro del alumno.

Las Tablas

Es ....

Tiene ....

....

Documenta Madrid

Es ....

Tiene ....

....

Museo Sorolla

Es ....

Tiene ....

....

Tapas bar

Es ....

Tiene ....

....

Xanadú

Es ....

Tiene ....

....

2

Mira los textos de las páginas 72 y 73 y anota palabras y expresiones interesantes para hablar de los siguientes lugares o eventos.

Un barrio	Una sala de espectáculos	Un bar	Un museo	Un centro cultural

3

¿Qué te gusta hacer cuando viajas? Marca tus respuestas. Después pregúntale a tu compañero y anota sus respuestas. ¿Tenéis los mismos gustos?

■ **= Yo**   □ **= Mi compañero**

	Me gusta mucho		Me gusta bastante		No me gusta mucho	
1. **Ir a ver monumentos**	■	□	■	□	■	□
2. **Ir de compras**	■	□	■	□	■	□
3. **Ir a tomar algo**	■	□	■	□	■	□
4. **Pasear por la ciudad**	■	□	■	□	■	□
5. **Ir a un espectáculo**	■	□	■	□	■	□
6. **Comer en restaurantes**	■	□	■	□	■	□
7. **Ver lugares típicos**	■	□	■	□	■	□
8. **Ir a museos**	■	□	■	□	■	□
9. **Ver paisajes**	■	□	■	□	■	□
10. **Salir de noche**	■	□	■	□	■	□
11. **Hacer muchas fotos**	■	□	■	□	■	□

4

Estas personas están en la ciudad donde vives. ¿A dónde pueden ir? ¿Coincides con tu compañero?

	Nombre del lugar	¿Dónde está?	¿Cómo es?
Fabio: A mí me interesa la música de aquí, quiero ver grupos en directo.			
Carmen: Yo quiero cenar en una terraza. Me gusta el ambiente de la calle.			
Federico: Me interesa mucho la historia y ver museos.			
Pilar: Yo quiero ver algún espectáculo deportivo.			
Paco: Yo quiero dar un paseo tranquilo. Y si hay un paisaje bonito, mejor.			
Teresa: A mí me gustaría ver algo típico de la ciudad.			

5

¿Y tú? ¿Adónde quieres ir? Con el modelo de la actividad A de la página 75 del Libro del alumno, escribe en un papel varias preguntas sobre la ciudad en la que estás. Si las necesitas, aquí tienes algunas ideas. Si no, pregunta lo que tú quieras.

- un restaurante mexicano
- una tienda de ropa de segunda mano
- un masajista
- cortarse el pelo
- alquilar un coche
- pasear en bicicleta
- ver cine en versión original
- un lugar tranquilo para estudiar
- un café con internet
- una biblioteca pública

6

Ahora habla con dos compañeros sobre lugares de la ciudad en la que estáis.

Yo conozco un café muy agradable. Está en…

7 **19**

Aquí tienes el primer diálogo del la audición de la página 73, pero las frases están desordenadas. Ordénalas y comprueba tus respuestas con la grabación.

- [ ] – Las Tablas, buenos días.
- [ ] – Sí, para el cuadro flamenco, para once personas.
- [ ] – Eso es.
- [ ] – Muy bien, pues aquí lo apunto. Carolina, a las once, once personas.
- [ ] – Pues sí, los jueves siempre tenemos dos actuaciones: a las ocho tenemos un grupo de jazz y a partir de las once de la noche tenemos el cuadro flamenco de todos los días.
- [ ] – Gracias.
- [ ] – Muy bien, perfecto.
- [ ] – ¿Quería reservar una mesa?
- [ ] – ¿A qué hora?
- [ ] – Perfecto y… ¿a qué nombre?
- [ ] – A las once.
- [ ] – Ah… Carolina
- [ ] – Hola. Quería saber si esta noche hay actuación.

8 **20**

Imagina que eres Carolina y que llamas a Las Tablas. Memoriza sus palabras e interactúa con el CD: vas a oír la voz del telefonista y tú haces de Carolina.

9

Reacciona a las frases con una de estas respuestas.

Yo sí *I do* *me too*	A mí también	A mí no *not mee*
Yo también	Yo no	A mí tampoco *me neither*
A mí sí	Yo tampoco *me neither*	

1. No me gusta nada salir a discotecas.
A mí no

2. Me gusta mucho visitar monumentos.
A mí sí

3. Hago bastante deporte.
Yo sí

4. No me levanto nunca antes de las 8 h.
Yo tambien

5. No me interesan nada los museos.
Yo sí

6. No viajo casi nada.
Yo sí

7. Hago bastantes excursiones de fin de semana.
Yo tambien

8. No me gusta nada probar comidas raras.

9. Compro demasiadas cosas.
Yo sí

10. No me gusta el flamenco.
A mí tampoco

11. Me interesa muchísimo el arte.
Yo tambien

12. Me gusta ir de compras.
A mí sí

10

Si quieres saber los gustos de alguien sobre las frases anteriores, ¿cómo le haces las preguntas? **¿Y a ti?** o **¿Y tú?** Escríbelas en tu cuaderno.

↑

11

Vais a trabajar en parejas. Cada uno completa una de las fichas con (**no**) **me gusta** o (**no**) **me gustan**. Después comparáis vuestros gustos y marcáis las frases en las que coincidís. ¿Podéis vivir juntos tu compañero y tú?

—*Me gusta el café.*
—*A mí también. / A mí no.*

—*No me gustan los gatos.*
—*A mí tampoco. / A mí sí.*

Estudiante A

.... ver fútbol por la tele.
.... el café.
.... las fiestas en casa.
.... levantarme tarde.
.... leer tranquilo.
.... tener la casa ordenada.
.... los animales domésticos.
.... ver la tele con otras personas.
.... estudiar con música.
.... la comida vegetariana.
.... hacer deporte en casa.
.... las películas de miedo.

Estudiante B

.... el silencio.
.... lavar los platos después de comer.
.... los gatos.
.... levantarme tarde.
.... levantarme temprano.
.... cocinar con más gente.
.... hablar por la mañana.
.... jugar a las cartas.
.... el pescado.
.... tener amigos en casa.
.... la ropa sucia por todos lados.
.... tomar vino en las comidas.

12

¿Alguna de estas frases es cierta para hablar de tu ciudad?
Modifica las demás para dar informaciones correctas.

1. Hay un gran parque en el centro de la ciudad.

Hay un pequeño parque en el centro de la ciudad.

2. Hay dos ríos, pero con poca agua.

3. Hay muchos barrios antiguos.

4. Hay un campo de fútbol famoso.

5. Hay un auditorio de música cerca del Ayuntamiento.

6. No hay edificios muy altos.

7. Hay muchas iglesias y alguna mezquita.

8. No hay montañas.

9. Hay muchos teatros y cines.

10. Hay un parque de atracciones.

13

¿Qué puedes decir de los siguientes lugares?
Usa **es**, **está** y **hay**.

Suiza

El río Amazonas

El Louvre

La Habana

Ibiza

14

Anota cinco cosas en cada columna.

Cosas que me gusta hacer en casa	Cosas que no me gusta hacer en el trabajo	Cosas que me gustaría hacer alguna vez en la vida	Cosas que no me gustaría hacer nunca

02
EN NUESTRO TIEMPO LIBRE

¿Cuáles de las expresiones destacadas en rojo en el texto corresponden a las siguientes opciones? Escríbelas.

1. La entrevistadora propone hacer unas preguntas.

....

2. La entrevistadora da las gracias.

....

3. El chico dice que tiene una afición.

....

4. El chico dice que no lee mucho.

....

– **Hola, buenos días.** Estamos haciendo una encuesta **para saber los gustos y los hábitos de ocio de los jóvenes españoles.** ¿Te importa si te hago unas preguntas?
– **Hola, buenos días. No, no, tengo tiempo. Podemos hacerlo.**
– **Mira, em... respecto a la cultura y a los espectáculos, ¿vas a espectáculos... lees... te gusta ir a conciertos...?**
– **Pues,** la verdad es que leo bastante poco, **pero sí que suelo ir a bastantes conciertos y,** de vez en cuando, al teatro.
– **Vas a conciertos y... al teatro. Pero no lees.**
– **No demasiado.**
   [...]
– **Y, cuando estás en casa,** ¿qué es lo que más te gusta hacer?**, o** ¿qué es lo que haces? **¿Haces bricolaje, cocinas, ves la tele...?**
– Tengo un *hobby* **desde hace algunos años que es tocar un instrumento. Me gusta mucho tocar la guitarra, y paso bastantes horas haciéndolo.**
– **¡Tocas la guitarra!**
– **Sí.**
– **... ¡Qué bien! Bueno, pues** muchas gracias por tu tiempo...
– **De nada, ha sido un placer.**

Indica en la tabla si normalmente necesitas dinero o no para hacer una serie de actividades y si se realizan al aire libre o en un lugar cerrado.

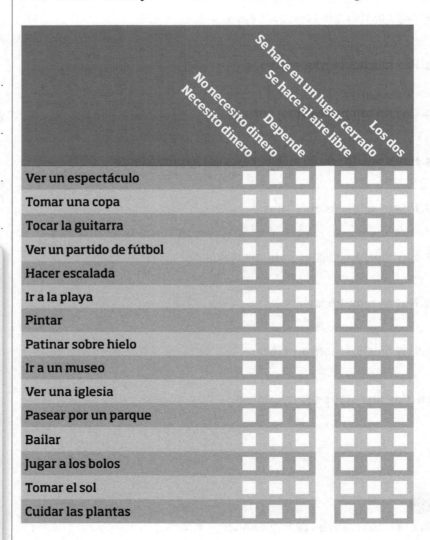

	Necesito dinero	No necesito dinero	Depende		Se hace en un lugar cerrado	Se hace al aire libre	Los dos
Ver un espectáculo	☐	☐	☐		☐	☐	☐
Tomar una copa	☐	☐	☐		☐	☐	☐
Tocar la guitarra	☐	☐	☐		☐	☐	☐
Ver un partido de fútbol	☐	☐	☐		☐	☐	☐
Hacer escalada	☐	☐	☐		☐	☐	☐
Ir a la playa	☐	☐	☐		☐	☐	☐
Pintar	☐	☐	☐		☐	☐	☐
Patinar sobre hielo	☐	☐	☐		☐	☐	☐
Ir a un museo	☐	☐	☐		☐	☐	☐
Ver una iglesia	☐	☐	☐		☐	☐	☐
Pasear por un parque	☐	☐	☐		☐	☐	☐
Bailar	☐	☐	☐		☐	☐	☐
Jugar a los bolos	☐	☐	☐		☐	☐	☐
Tomar el sol	☐	☐	☐		☐	☐	☐
Cuidar las plantas	☐	☐	☐		☐	☐	☐

17 🔊

¿Cuánto tiempo al día dedicas a las siguientes actividades? Prepara tres preguntas más y comenta tus respuestas con dos compañeros.

	Tiempo
1. Hablar por el móvil	....
2. Estudiar	....
3. Leer la prensa	....
4. Escuchar música	....
5. Descansar	....
6.	....
7.	....
8.	....

18 🔊

Lee las siguientes frases. ¿Tú haces lo mismo o no? Escríbelo y coméntalo con tus compañeros.

1. Algunos sábados voy a trabajar, pero no todos.

....
....
....

2. Normalmente me ducho por las mañanas.

....
....
....

3. De lunes a viernes duermo normalmente seis o siete horas.

....
....
....

4. Todas las noches leo antes de dormir.

....
....
....

5. Al menos una noche por semana salgo a cenar o a tomar algo con amigos.

....
....
....

6. Entre semana casi nunca hago la cama.

....
....
....

7. Hago la compra los sábados por la tarde.

....
....
....

8. Hago ejercicio casi todos los días.

....
....

19

Subraya todas las expresiones de frecuencia de las frases anteriores y escribe un ejemplo más con cada una. Puedes hablar de ti o de personas que conoces.

20

¿Cuál de tus compañeros crees que puede decir estas cosas?

Salgo bastante de noche.

....

Me gusta mucho estar en casa.

....

Me gusta mucho cocinar.

....

Hago muchos viajes de fin de semana.

....

Toco la batería.

....

Toco un poco el piano.

....

Me gusta leer sobre economía.

....

Voy en bici al trabajo.

....

Voy a cursos de baile.

....

Invito mucho a mis amigos a casa.

....

Hago excursiones a la montaña.

....

Voy a muchas exposiciones.

....

Como fuera muchos días.

....

No me interesa la moda.

....

21

Confírmalo preguntando en clase. ¿Cuántas respuestas correctas tienes?

Martha, ¿te interesan los programas de cocina?

22

¿De quién se habla en cada caso? Elige cuál es el sujeto de las siguientes frases y marca la terminación del verbo.

mis hermanas
yo
mi hermano mayor y yo
tu familia y tú
mi hermano pequeño
tú
mis padres

1. To**can** el violín y jue**gan** al golf.
Mis padres

....

2. Hago karate y toco la guitarra eléctrica. A veces juego al tenis.

....

3. Hacen taichi y tocan el chelo.

....

4. Tocas un instrumento, lo sé. Y también haces deporte.

....

5. Juega al fútbol y toca la batería.

....

6. Jugamos al ajedrez y tocamos un poco el piano, pero no lo hacemos muy bien.

....

7. ¿Sois aficionados a algo: tocáis algún instrumento, hacéis algún deporte, jugáis a las cartas...?

....

23

Completa ahora la forma de los verbos. ¿Hay algún verbo irregular? ¿Dónde está la irregularidad?

			tocar	jugar	hacer
Singular	Primera persona	Yo	....	....	....
	Segunda persona	Tú	....	....	....
	Tercera persona	Él/ella/usted	....	....	....
Plural	Primera persona	Nosotros/nosotras	....	....	....
	Segunda persona	Vosotros/vosotras	....	....	....
	Tercera persona	Ellos/ellas/ustedes	....	....	....

24

¿Qué puedes decir de tu familia con esos verbos? Anótalo y coméntalo con un compañero.

tocar	jugar	hacer
....	....	....
....	....	....
....	....	....
....	....	....
....	....	....

ARCHIVO DE LÉXICO

25

¿Qué palabras necesitas para hablar de tu ciudad? Escríbelas. Puedes preguntarle a tu profesor.

—¿Cómo se llama un lugar que es como un mar pequeño?
—¿Lago?

26

Adivina qué palabra es en cada caso.

1. Actividad que haces en una discoteca: **b**............................
2. Colección de obras de arte abierta al público: **e**.................
3. Andar tranquilamente por un parque o por la calle:

   p.............................
4. Partes de una ciudad: **b**.............................
5. Preparar algo para comer: **c**.............................
6. Lugar muy grande con tiendas y restaurantes:

   c............................. **c**.............................
7. Correr, andar en bici, nadar: **h**................. **d**.............................
8. Horas para hacer las cosas que te gustan:

   t............................. **l**.............................
9. Llamar a un restaurante para pedir una mesa: **r**............
10. Lugar para nadar: **p**.............................
11. Actividad que haces con una guitarra, con un piano:

    t.............................
12. Casas grandes antiguas o modernas: **e**.............................
13. Actividad que hacen los niños con una pelota: **j**.............
14. Que no cuesta mucho dinero: **b**.............................
15. Que no es feo: **b**.............................

27

Con dos compañeros, escribe diez razones para visitar la ciudad en la que estáis.

VÍDEO

MADRID

 campus.difusion.com

28

Vuelve a ver el vídeo sobre Madrid y contesta las preguntas para cada uno.

¿Dónde está?

....

¿Qué se puede hacer allí?

....

¿Qué le interesa?

....

¿Adónde va?

....

¿Dónde está?

....

¿Qué se puede hacer allí?

....

¿Dónde está?

....

¿Qué se puede hacer allí?

....

¿Dónde está?

....

¿Qué se puede hacer allí?

....

¿Dónde está?

....

¿Qué le gusta hacer allí?

....

29

En grupos, vais a hacer un vídeo así sobre lo que se puede hacer un fin de semana en la ciudad donde aprendéis español. Formad pequeños grupos y escoged una o dos cosas que se pueden hacer en los siguientes momentos.

El viernes por la noche — salir con amigos, *duermo* dormir

El sábado por la mañana — Hago el desayuno, duermo

El sábado por la tarde — veo una pelicla, salir con amigos

El domingo por la mañana — Trabajo, veo la television

El domingo por la tarde — Tarea, ir al gymnasio

30

Cada miembro del grupo escoge un momento del día, las actividades y el lugar donde se pueden hacer. Escribe un pequeño guión y se graba con el móvil. Luego podéis compartir los vídeos de todos en vuestro espacio virtual.

PAN, AJO Y ACEITE

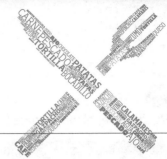

01
LA COMIDA RÁPIDA, VERSIÓN ESPAÑOLA

En las imágenes de las páginas 84 y 85 del Libro del alumno hay seis tapas o pinchos. ¿Son de carne, de pescado o de verdura?

De carne

....

De pescado

....

De verdura

....

Estos ingredientes están en los pinchos, tapas y bocadillos de las páginas 84 y 85. Escribe la palabra debajo de la imagen que corresponda y escribe también cómo se dice en tu idioma.

....

....

Este es un fragmento del texto de la página 84. Faltan algunas palabras. Sin mirar el texto original, complétalo con las palabras que te parezcan adecuadas.

La tradición de pequeños .... o tapas existe en todo el Mediterráneo: desde .... hasta España. En España es fácil .... algo a cualquier hora: en todas partes hay un .... (o varios) con ...., montaditos, tapas o .... En general, se trata de pan con ...., pescado o embutidos, y casi todo cocinado con .... de oliva.

Lee ahora el texto original y fíjate en las palabras que faltan realmente. Cierra el libro y vuelve a completar el texto, pero ahora con todas las palabras que recuerdas.

La tradición de pequeños .... o tapas existe en todo el Mediterráneo: desde .... hasta España. En España es fácil .... algo a cualquier hora: en todas partes hay un .... (o varios) con ...., montaditos, tapas o .... En general, se trata de pan con ...., pescado o embutidos, y casi todo cocinado con .... de oliva.

5

Escribe el nombre de estas cosas que podemos pedir en un bar.

Hola, quería...

....

....

....

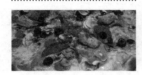

....

....

---

6 🔊 **21-22**

Escucha estas conversaciones y completa con las palabras que faltan.

1.

- Hola, buenas tardes, ¿qué van a tomar?
- Hola, yo un .... de jamón.
- Yo tomaré un .... de tortilla.
- Bocadillo de .... y pincho de ....
- ¿Y para beber?
- Coca-cola.
- Yo una ....
- Muy bien. Coca-cola y .... Gracias.

2.

- Hola, buenos días, ¿qué van a tomar?
- Yo, hamburguesa con
  ....
  y cerveza.
- Y yo quiero una tapa de
  ....
  y una ....
  de vino, por favor.
- Una ....,
  una tapa de ....,
  una cerveza y...
- Una ....,
  tinto, por favor.
- ....
  de vino tinto, gracias.

7

Escribe ahora un diálogo entre un camarero y dos clientes (como en el ejercicio 6). Fíjate en las cosas que quieren tomar.

Cliente 1   Cliente 2

8

Completa este diálogo entre dos clientes y el camarero con las frases del recuadro.

> - Gazpacho y ensalada. ¿Y de segundo?
> - ¿La ensalada qué lleva?
> - Perdone, ¿puede traernos el menú?
> - Pues una botella de agua sin gas y dos cervezas, ¿no?
> - ¿El flan es de huevo o de vainilla?
> - De segundo, quizá el arroz. ¿Lleva carne?
> - Pues, entonces, una cerveza y una copa de vino tinto y la botella de agua. Gracias.
> - Y yo voy a tomar el arroz.
> - ¿Qué tienen de postre?

MENÚ DEL DÍA

Gazpacho
Sopa sevillana
Ensalada de la casa

Bacalao a la vizcaína
Arroz negro
Filete de ternera con patatas

Flan casero
Melón o sandía

Eva: ....

Camarero: Enseguida, señora.

...

Camarero: ¿Qué van a tomar?

Eva: De primero, yo quiero gazpacho.

Edu: ....

Camarero: Tomate, lechuga, maíz, atún, cebolla y aceitunas.

Edu: Ah, muy bien. Pues yo, ensalada.

Camarero: ....

Eva: ....

Camarero: No, se prepara con calamar.

Eva: Pues, entonces quiero el filete de ternera.

Edu: ....

Camarero: ¿Para beber?

Eva: ....

Edu: No, yo prefiero un vino tinto.

Eva: ....

...

Edu: ....

Camarero: Tenemos flan, melón o sandía.

Eva: ....

Camarero: De huevo, señora.

Eva: Pues yo, flan. ¿Tú también?

Edu: Sí, yo también flan.

 9

Relaciona los elementos de las dos columnas. Marca en cada frase de la derecha lo que te ayuda a saberlo.

A mí   →   <u>me</u> gusta la comida vegetariana.

A ti

A mi amiga y a mí

A sus padres

A vosotros

A Ernesto

nos gusta comprar ropa.
le gustan los juegos de ordenador.
no le gustan las clases del instituto.
os gustan demasiado los dulces.
le gusta hablar por teléfono.
te gusta el café sin azúcar.
les gusta comer fuera todos los días.
no nos gusta esperar.
no os gusta ver partidos de fútbol.
le gusta cocinar.
no les gusta esperarnos por la noche.

10

Marta tiene 16 años y nos cuenta cosas sobre los gustos de la gente que conoce. Completa con las formas de **gustar** y las palabras que faltan.

1. .... mis padres les .... salir los domingos al campo, pero .... mí no .... gusta nada.

2. .... mi hermana Mónica .... encanta estudiar por las noches pero .... mí no .... gusta estudiar. Ni por la noche ni por la mañana.

3. .... mis amigas Lola y Gracia no .... mucho las hamburguesas, pero .... mi novio y .... mí .... encantan.

4. ¿............................. te gustan los deportes? A .... solo el skateboard. Y el fútbol no .... gusta nada: me aburre un montón.

5. ¿............................. tus amigos y a ti .... gusta salir los fines de semana por la noche? .... mí no mucho, la verdad, pero .... mi novio y .... sus amigos .... muchísimo.

 11

Escribe frases sobre ti y gente que conoces con los elementos de cada caja.

1. nos, a, gustan, bastante

....

2. mí, encanta, también, me

....

....

3. y, les, gusta, no

....

....

4. gustaría, te, a, ir

....

....

12 ⚇ ✓

Haz una encuesta entre tus compañeros de clase. Toma notas y después escribe la información en la tabla.

—*¿Cuál es la sopa que más te gusta?*
—*¿Y la que menos te gusta?*
—*El postre que más te gusta es...*
—*¿Y el que menos te gusta?*

	Le encanta/n	No le gusta/n nada
las sopas	....	....
la carne	....	....
el marisco	....	....
la verdura	....	....
la fruta	....	....
el postre	....	....
la bebida	....	....

13

Escenifica esta conversación con un compañero. Uno es el estudiante A y otro el estudiante B.

Estudiante A

A: Yo como mucho pescado. En Perú, es bastante normal.

B: ....

A: Pues, yo tomo pescado todos los días. Para cenar, casi siempre.

B: ....

A: A mí, no. A mí, cuando me gusta un tipo de comida, me gusta repetir.

B: ....

A: Yo no bebo alcohol. Soy profesor/a de yoga, así que llevo una vida bastante sana: hago deporte, no fumo...

B: ....

A: Pues, a mí no me gusta mucho salir. Yo prefiero quedar con amigos en casa y ver una película o cenar tranquilamente.

B: ....

A: Pues a mí me interesa más el teatro. No voy nunca al cine; es muy caro.

Estudiante B

A: ....

B: Pues, a mí no me gusta nada el pescado. Prefiero la carne.

A: ....

B: ¿Sí? A mí me gusta comer cosas diferentes cada día.

A: ....

B: Bueno, la verdad es que a mí sí me gusta tomar cerveza a todas horas.

A: ....

B: ¡Uf! Yo no hago ningún deporte, y fumo cuando salgo los fines de semana.

A: ....

B: Yo veo las películas en el ordenador. Y a veces voy al cine si hay alguna película nueva.

A: ....

14

Señala con qué verbos de la actividad anterior usamos **yo** y con cuáles **a mí**.

Yo
....
....

A mí
....
....

15

Escribe un pequeño correo a tus compañeros invitándolos a cenar. Antes, prepara preguntas para saber qué puedes preparar y qué no. Incluye en el correo esas preguntas y otros comentarios de un modo natural.

¿Alguno no come carne?

Para:
Asunto:

16

Completa estas formas verbales.

			querer	preferir	ir
Singular	Primera persona	Yo		*prefiero*	
	Segunda persona	Tú			
	Tercera persona	Él/ella/usted			
Plural	Primera persona	Nosotros/nosotras			
	Segunda persona	Vosotros/vosotras			
	Tercera persona	Ellos/ellas/ustedes			

 17

Escribe un menú típico de tu país. Tienes que pensar cuatro platos para los primeros, cuatro para los segundos y cuatro postres. En grupo, tus compañeros van a preguntarte qué son.

> **Menú del día**

 18

En pequeños grupos, preparad un diálogo con uno de los menús. Un estudiante es el camarero y los demás, clientes. El camarero les ofrece el menú.

19

Lee estas definiciones de cuatro platos típicos de países hispanoamericanos. Busca estos platos en internet y corrige la información porque en cada definición hay dos errores.

Guacamole

Es una salsa originaria de México, de color rojo, preparada a base de tomate y chiles. También lleva cebolla, cilantro y ajo. Se pone sal y otras especias y un poco de limón.

Cocido madrileño

Es un tipo de sopa de garbanzos, hecho en una olla con agua, en la que se cocinan juntos carnes, pescado y verduras, sobre todo patatas, zanahorias y lechuga. Es un plato de origen español.

Churros

Es un dulce con forma de palo. Lleva harina, agua, azúcar y sal y se prepara con vinagre caliente. Es un plato de origen cubano.

Pastel de choclo

Es un plato preparado con una pasta de maíz (o choclo), garbanzos y arroz, tradicional de la gastronomía de Argentina, Bolivia, Chile y Perú. Además, lleva carne y cebolla con especias.

02
VIAJEROS GOURMETS

20

Antes de leer el texto sobre la comida en Argentina de las páginas 88 y 89 del Libro del alumno, marca qué información te parece verdadera (V) o falsa (F).

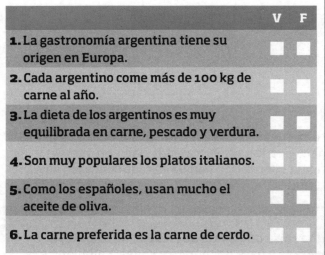

	V	F
1. La gastronomía argentina tiene su origen en Europa.	☐	☐
2. Cada argentino come más de 100 kg de carne al año.	☐	☐
3. La dieta de los argentinos es muy equilibrada en carne, pescado y verdura.	☐	☐
4. Son muy populares los platos italianos.	☐	☐
5. Como los españoles, usan mucho el aceite de oliva.	☐	☐
6. La carne preferida es la carne de cerdo.	☐	☐

21

En el podcast sobre la comida en Venezuela aparecen estas frases. Léelas y pregunta a tu profesor lo que no entiendes.

☐ **Tenemos muchos platos. Entre ellos están las arepas.**

☐ **Tenemos con nosotros a una cocinera venezolana.**

☐ **Arepas, ¿qué es? ¿Pescado, carne...?**

☐ **Lo que a mí más me gusta, que no es un plato, sino una bebida, son los batidos de frutas naturales.**

☐ **Le puedes agregar jamón, queso, huevos...**

☐ **La comes con las manos.**

☐ **La mejor es la reina pepiada.**

☐ **El que más me gusta son los besitos de coco.**

☐ **Con azúcar, huevos, leche y mucho coco. Y mucho amor.**

22 🔊 **23**

Escucha la audición y señala en qué orden aparecen las frases anteriores.

23

Elige un plato de la cocina de tu país y contesta a estas preguntas.

1. ¿Cómo se llama?

2. ¿Es típico de todo el país o de una región?

3. ¿Es carne, pescado, verdura, arroz, legumbres...?

4. ¿Qué ingredientes tiene?

5. ¿Es fácil de preparar?

6. ¿Te gusta? ¿Sabes prepararlo?

24

Escribe un pequeño texto para el blog de Celia sobre ese plato describiendo qué es.

25

Escribe la primera parte de estos diálogos. Puedes escribir lo que quieras, pero tu frase tiene que ser adecuada a la respuesta.

1.	2.
– .... – ¿Ah, sí? Pues yo no.	– .... – A mí tampoco me gusta esa película.
3.	**4.**
– .... – A mí también, mucho.	– .... – Ah, ¿no? Pues a mí me encanta.
5.	**6.**
– .... – Yo sí, dos veces a la semana.	– .... – Qué curioso, yo tampoco.

26

Responde con tu información.

1.

– Yo desayuno fuerte por la mañana: un par de huevos con beicon, leche con cereales y fruta. ¿Y tú?

– ....
....
....
....

2.

– Normalmente no tomo nada a media mañana, pero a veces como un plátano o una manzana. ¿Y tú?

– ....
....
....
....

3.

– Cuando tengo clase, como fuera a mediodía en alguna cafetería cerca de la universidad. Pero los fines de semana, como en casa algo ligero: una ensalada, un poco de pan con queso... ¿Y tú?

– ....
....
....
....

4.

– Ceno sobre las 7 h y como bastante. Preparo algo de pasta, arroz con pollo... ¿Y tú? ¿Cenas fuerte también?

– ....
....
....
....

27

Reacciona a las doce frases con una de las siguientes respuestas y añade otra información.

Yo sí	A mí también	A mí no
Yo también	Yo no	A mí tampoco
A mí sí	Yo tampoco	

(anotaciones manuscritas: metoo, gusta, me too, me too, gusta, I do not, i don't either, gusta, me neither)

1. No me gusta nada la leche caliente.

....

2. Me gusta mucho la pasta con marisco.

....

3. Tomo el café con mucho azúcar.

....

4. No como carne de ternera.

....

5. No me gustan nada los huevos poco cocidos.

....

6. No tomo bastante fruta.

....

7. Bebo bastante agua.

....

8. No me gusta nada probar comidas raras.

....

9. Como demasiados huevos.

....

10. No me gusta la combinación de dulce y salado.

....

11. Me gusta muchísimo el sushi.

....

12. Preparo comida de otros países.

....

ARCHIVO DE LÉXICO

Completa este crucigrama.

Verticales

1. A los vampiros no les gusta comer esto.
2. Es de color blanco, pero no es dulce.
3. Después del segundo plato.
5. Alimentos que lleva un plato.
6. Bebida muy sana hecha con fruta.
7. Haces bocadillos con este producto.
9. En un café cortado hay muy poca.
13. En la paella es el ingrediente principal.
14. Objeto para beber líquidos.
16. Es bueno beber dos litros al día.

Horizontales

4. Se comen a cualquier hora.
8. Comer al mediodía.
10. Puede ser de ternera, de cerdo, etc.
11. El jamón, el chorizo, etc. son...
12. Tienes esto cuando quieres comer.
15. Utilizamos este producto para hacer aceite.
17. Son blancos por fuera y amarillos por dentro.
18. La acción del camarero.
19. La primera comida de la mañana.

VÍDEO

▶ campus.difusion.com

29

Relaciona cada alimento con su descripción.

1. paté

2. atún

3. chorizo

4. queso

5. pimiento

6. tomate

7. tortilla

8. aceite

9. jamón

10. aceituna

a. alimento que se hace a partir de la leche y que se come como aperitivo o en bocadillo

b. fruto del olivo, de color verde o negro, del que se hace aceite

c. hortaliza redonda y roja

d. embutido de color rojo hecho de carne de cerdo

e. pescado que se come mucho en conserva

f. pierna del cerdo curada o cocida

g. plato típico de la cocina española que se hace con patatas, aceite y huevos

h. pasta hecha de diferentes ingredientes que se unta en el plan

i. hortaliza que puede ser roja, verde, naranja o amarilla

j. líquido que se fabrica a a partir de la aceiturna u otras plantas y que sirve para cocinar o aliñar ensaladas

30

Vuelve a ver el vídeo y fíjate en estas frases que se dicen en él.
¿Las comprendes? ¿Puedes decir lo mismo con otras palabras?

1. ¿De qué quieres el bocadillo?

....

2. Cada día, a media mañana, me tomo un bocadillo porque me entra hambre y no puedo aguantar hasta el mediodía.

....

3. Como tengo clase en diez minutos...

....

4. Merendamos un bocadillo.

....

5. Como tenemos entradas para ir al teatro...

....

6. Mi bocadillo me gusta mucho.

....

1 HAY, ESTÁ, ES

Lola, Óscar y su hijo de diez años, Julián, hablan de sus vacaciones en España mientras miran una guía de viajes. Completa la conversación con **hay**, **está** o **es**.

Óscar: Pues, podemos ir primero a San Sebastián. .... una ciudad bonita, mira.

Lola: Bueno, y ¿qué .... en San Sebastián?

Óscar: Aquí dice que una playa muy especial, La Concha. Y .... muchos restaurantes muy buenos. Además .... un funicular para subir a un monte y ver la vista de la ciudad.

Lola: Oye, ¿................... lejos de Bilbao? Porque yo quiero ver el Guggenheim.

Julián: ¿Qué .... el Guggenheim?

Lola: Un museo de arte, con un edificio muy bonito con forma de barco.

Óscar: Luego, podemos ir a Burgos. .... una catedral gótica...

Lola: ¿Dónde .... Burgos? ¿También en la costa?

Óscar: No, ... en el interior, más cerca de Madrid.

Lola: Ah, pues entonces podemos ir a Segovia, que también .... cerca de Madrid. Yo quiero ver el acueducto.

Julián: ¿Y qué .... un acueducto?

Óscar: .... una construcción de los romanos, para llevar agua a la ciudad. Mira, aquí .... una foto. Creo que se come muy bien en Segovia. Dice aquí que el cochinillo .... la especialidad y el cordero también.

Julián: ¿Y qué .... un cochinillo?

Lola: .... un cerdo pequeño. ¿Y .... algo más que ver en Segovia?

Óscar: El Alcázar. Mira, es esto. La vista debe de ser impresionante.

2 EL VERBO COMER

¿Qué significa **comer** en estos ejemplos? Indica en cada caso el significado correspondiente.

> **comer**
> 1. Ingerir alimentos.
> 2. Tomar la comida principal del día.

☐ Carla come mucho pescado, y eso es bueno para crecer.

☐ Carlos normalmente toma pescado para comer. No le gusta la carne.

☐ Mario come fuera de casa casi todos los días.

☐ María come muy mal: muchas grasas y poca verdura.

☐ Sandra come hoy con nosotros.

☐ Sandro come poco y por eso está tan delgado.

☐ A Pablo le gusta comer siempre en el mismo restaurante.

☐ A Paula no le gusta nada comer con palillos chinos. Lo hace fatal.

3 DEMOSTRATIVOS

¿A qué se refieren los siguientes diálogos? Elige la opción más normal.

1. una/s tapa/s ☐

2. un/os bombón/bombones ☐

3. uno/s museo/s ☐

4. una/s manzana/s ☐

5. un/os vaquero/s ☐

6. una/s flor/es ☐

a.
- Estos no llevan leche.
- Mmm, ¡qué ricos!, ¿no?

b.
- Estas me gustan. ¿Y a ti?
- A mí también, pero prefiero las blancas.

c.
- ¿Te apetece ir a este?
- No, prefiero uno de arte.

d.
- Esta tampoco está buena. Coge otra.
- ¿Y esa?

e.
- Quiero esos. Son los más bonitos.
- No, esos no. Son demasiado caros.

f.
- Esas no llevan carne, solo pescado o verdura.
- Mmm, me encanta el pulpo.

4

Escribe cuatro diálogos similares para referirte a otras cuatro cosas.

5 HÁBITOS COTIDIANOS

Estas son imágenes de un día en la vida de Carmen. ¿Qué dicen estas personas?

....
....
....
....
....
....
....
....
....
....
....
....
....
....
....
....
....
....
....

6

Compara tus textos con los de dos compañeros. Haced juntos una versión definitiva y leedla en clase.

←

7 PREPOSICIONES

¿Qué preposición falta: **a(l), de(l), en, por** o ninguna? Completa y reacciona después con información sobre ti.

1. Todos los días empiezo .... trabajar .... las diez .... la mañana.

Yo ....

2. Los martes estudio .... español y los sábados aprendo .... tocar el piano con un profesor .... mi casa.

Yo ....

3. Una vez .... mes juego .... las cartas con mis amigos. Empezamos .... las nueve .... la noche y no terminamos nunca antes .... las dos o las tres.

Yo ....

4. .... las mañanas, salgo .... casa .... las nueve o nueve y media. Voy .... trabajar .... metro.

Yo ....

5. .... las tardes, cuando salgo .... gimnasio, vuelvo .... casa andando.

Yo ....

8 ◁» **24** HÁBITOS COTIDIANOS

Paco hace diez cosas antes de ir al trabajo. Lee el texto y escribe las actividades en orden. Luego comprueba con la audición.

Me levanto temprano, sobre las 6 o 6.30 h. Antes de empezar a escribir, me hago un café. Después de escribir una hora u hora y media, y antes de despertar a mis dos hijos, me visto. Llevo a los niños al colegio, pero antes, y mientras mi mujer los viste, les preparo el desayuno. Tomo el autobús para ir a trabajar, pero siempre después de ir una hora al gimnasio y de darme una buena ducha.

1. *Se levanta*
2. ....
3. ....
4. ....
5. ....
6. ....
7. ....
8. ....
9. ....
10. ....

9 ◁» **24** HÁBITOS COTIDIANOS

Vuelve a escuchar la grabación y completa estas frases.

Paco se levanta sobre las ....
....
....

Escribe hasta las ....
....
....

Despierta a sus hijos a las ....
....
....

Hace gimnasia hasta las ....
....
....

10 PREPOSICIONES

Escribe diez cosas que haces por la mañana antes de ir a clase o al trabajo. Intenta usar **desde, hasta, entre, a las**...

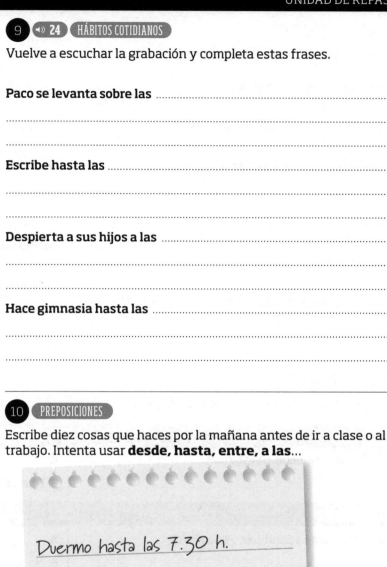

Duermo hasta las 7.30 h.

11  PREGUNTAS Y RESPUESTAS

Relaciona las frases de las dos columnas.

1. ¿A qué hora empiezas a trabajar?

2. Quiero aprender a conducir. ¿Tú sabes?

3. Los viernes jugamos a las cartas en mi casa. ¿Quieres venir?

4. ¿Vienes con nosotros a tomar algo?

5. ¿Ahora sales de clase?

6. Hay una tienda nueva en el barrio. ¿La conoces?

a. No, de la biblioteca.

b. No puedo. Entro a trabajar en una hora.

c. Sí, no es muy difícil. Pero necesitas practicar mucho.

d. No. Esta tarde vamos, si quieres.

e. Me gustaría mucho. Pero no soy bueno.

f. Demasiado temprano.

---

12 PREGUNTAS Y RESPUESTAS

Inventa preguntas y respuestas para las frases de A o de B.

1.	**2.**
A: ¿A qué hora empiezas a trabajar?	A: ....
B:	B: Demasiado temprano.
3.	**4.**
A: Quiero aprender a conducir. ¿Tú sabes?	A: ....
B:	B: No, de la biblioteca.
5.	**6.**
A:	A: ....
B: Después de comer vamos, si quieres.	B: No puedo. Entro a trabajar en una hora.
7.	**8.**
A: ¿Vienes con nosotros a tomar algo?	A: ....
B:	B: Me gustaría mucho. Pero no soy bueno.
9.	**10.**
A: ¿Ahora sales de clase?	A: ¿Qué haces esta tarde?
B:	B: ....

13 INTERROGATIVOS

Relaciona cada pregunta con una respuesta.

1.

¿Cuándo es el concierto?	Seguro que es muy bueno.
¿Dónde es el concierto?	En el auditorio.
¿Cómo es el concierto?	El próximo jueves.

2.

¿Cómo vas?	A Paros, una isla griega.
¿Adónde vas?	Con Roberto y unos amigos.
¿Con quién vas?	En avión a Atenas, y desde allí en barco.

3.

¿Cuánto café quieres?	Poco, que luego no puedo dormir.
¿Cómo quieres el café?	El más suave, por favor.
¿Qué café quieres?	Con un poco de leche, gracias.

4.

¿De dónde vienes?	En autobús o en metro.
¿Por dónde vienes?	De la universidad.
¿Cómo vienes?	Por la plaza de Cuzco y por Callao.

5.

¿Quién es esa chica?	Con sus primas Carla y Elia.
¿Quiénes son esas chicas?	Es mi prima Carla.
¿Con quién está Raúl?	Mis primas Carla y Elia.

14 INTERROGATIVOS

Escribe todas las preguntas que puedas con cada frase y escribe también una respuesta para cada pregunta.

1. ¿............ está tu pueblo o tu ciudad?

....

2. ¿........... te gustaría ir de vacaciones?

....

3. ¿........... es tu novio?

....

4. ¿........... quieres?

....

5. ¿........... hermanos tienes?

....

6. ¿........... tiempo necesitas para llegar a clase?

....

7. ¿........... clases tienes?

....

8. ¿........... idiomas hablas?

....

9. ¿........... te gusta más?

....

15

Elige cinco de las preguntas que has escrito y házselas a un compañero de clase.

—¿Cuántos hermanos tienes?
—No tengo hermanos.

16 HÁBITOS Y HORARIOS

Marca el horario en que la mayoría de la gente hace las siguientes actividades en tu país.
En algunos casos puedes marcar varias opciones.

	Por la mañana (de 7 a 13 h)	A mediodía (de 13 a 15 h)	Por la tarde (de 15 a 20 o 21 h)	Por la noche (después de las 21 h)
llevar a los niños al colegio	☑	☐	☐	☐
ducharse	☑	☐	☐	☐
hacer deporte	☐	☐	☑	☐
cenar	☐	☐	☑	☐
dormir	☐	☐	☐	☑
almorzar	☐	☑	☐	☐
salir de casa	☑	☐	☐	☐
despertarse	☑	☐	☐	☐
salir del trabajo	☐	☒	⊘	☐
volver a casa	☐	☐	☑	☐
ir al cine	☐	☐	☐	☑
levantarse	☑	☐	☐	☐
acostarse	☐	☐	☐	☑
desayunar	☑	☐	☐	☐
recoger a los niños de la escuela	☐	☒	☑	☐
entrar a trabajar	☑	☐	☐	☐

17 GENERALIZAR

Escribe un texto con la información anterior utilizando **se** + verbo en tercera persona, **en mi país**, **todo el mundo**, **muchos**..., **la mayoría de**...

18 LÉXICO

¿A qué palabras se refieren las siguientes definiciones? Escríbelo.

> Es una presentación de obras de arte que se hace en un museo o una galería, normalmente.

E ....

> Persona que no es divertida o algo que no es interesante ni entretenido.

A ....

> Costumbres de una persona, que hace con frecuencia.

H ....

> Son soluciones para algún problema o las cosas que te dicen los amigos con intención de ayudarte.

C ....

19

Ahora escribe tú definiciones o explicaciones de palabras de las unidades 4, 5 y 6. Tus compañeros tienen que adivinarlas.

....

....

....

....

....

....

CIUDADES DEL NORTE, CIUDADES DEL SUR

01
CÓRDOBA: UNA CIUDAD PARA PASEAR

Escribe cómo se dicen estas cinco ideas en la audición de la página 97 (más abajo tienes la transcripción).

	En el texto
1. La próxima semana voy a estar en Córdoba durante un día.	....
2. A primera hora del día puedes ir al templo musulmán.	....
3. Puedes tomar algo en alguno de los bares de alrededor.	....
4. Puedes ver cómo es la vida.	....
5. Puedo dormir un rato allí.	....

– Oye, María, tú, tú eres cordobesa, ¿verdad?

– Sí.

– Pues... Mira, resulta que la semana que viene voy a pasar un día en Córdoba, pero solo voy a estar un día. Eh... ¿qué puedo hacer?, ¿qué cosas puedo ver en Córdoba en un día?

– Uy, en Córdoba, en un día, puedes hacer muchas cosas.

– ¿Ah, sí?

– Sí. Por ejemplo, por la mañana temprano puedes ir a la Mezquita.

– Vale.

– Porque es nuestro monumento más importante, es muy grande, así que...

– Ajá.

– ... lleva bastante rato verlo, y... puedes pasear por la Mezquita, que es muy bonita, hay menos gente tan temprano...

– Ajá.

– Alrededor hay muchos sitios muy bonitos, con flores, porque Córdoba tiene muchos patios, muchas flores, y pasear por allí es muy interesante, puedes ver un poco el ambiente, eh...

– Ajá. En el casco antiguo...

– Sí, todo en el casco antiguo, muy bonito.

– Vale.

– Eh... Después puedes pasear por la rivera del río...

– Ajá.

– Y cruzar el puente, que tenemos un puente romano, muy interesante. Y luego puedes comer por alguna terraza por ahí. Hay muchos sitios.

– Y, después de comer, si tengo un rato, ¿qué más puedo ver?

– Te recomiendo ir al Alcázar de los Reyes Católicos. Porque tiene unos jardines muy grandes, llenos de flores también, con fuentes... y solo pasear por ahí es muy entretenido.

– Ah, muy bien. Bueno, si no, para echar la siesta ahí.

– También, también, en el césped.

2

¿Cuáles son los equivalentes de estas expresiones en tu lengua?

En mi lengua
Oye
¿Verdad?
Vale
Ah, muy bien

3

Escribe preguntas adecuadas para estas respuestas.

1.

– ....
– Sí, hay bastantes. Por ejemplo, hay unos restos prehistóricos muy interesantes.

2.

– ....
– Bueno, puedes comprar cajas de madera de origen árabe, vino y dulces.

3.

– ....
– No, no hay parques, hay pequeños jardines en las plazas.

4.

– ....
– Sí, Arquitectura y Medicina, sí, pero no se puede estudiar Arte o Teatro.

4

Busca los adjetivos opuestos en cada caso y pon un ejemplo de cada tipo de ciudad.

Una ciudad grande	**Una ciudad** pequeña
Buenos Aires	*Halifax*

Una ciudad aburrida	**Una ciudad**

Una ciudad moderna	**Una ciudad**

Una ciudad fea	**Una ciudad**

5

¿Cuáles de estas cosas que normalmente hay en una ciudad no se dicen sobre Córdoba (en el texto y en las actividades)? Márcalas.

- ▪ **actividades culturales**
- ▪ **aeropuerto**
- ▪ **auditorios de música**
- ▪ **bibliotecas**
- ▪ **centros comerciales**
- ▪ **cines y teatros**
- ▪ **estadios de fútbol**
- ▪ **iglesias y catedrales**
- ▪ **jardines**
- ▪ **monumentos históricos**
- ▪ **museos**
- ▪ **universidades**
- ▪ **parques naturales cerca**

6

De la lista anterior, escribe qué hay en tu ciudad y qué no.

7

Con los elementos de la siguiente tabla, escribe cosas en tu cuaderno sobre tu ciudad.

Mi ciudad (no)	**es** **está** **tiene**	edificios muchos monumentos a ... metros llena de	de la costa. bien conservado. sobre el nivel del mar. de la ciudad.
En mi ciudad (no)	**hay**	una población de en el norte/sur/este/oeste al norte/sur/este/oeste a ... km un centro histórico a ... hora(s)	museos/tiendas. de la época... ... (de) habitantes. en tren de la capital. de... antiguos.

8 **25**

Una persona de Cantabria habla de lugares interesantes a los que se puede ir en esa región. Completa la siguiente tabla.

	Lugar	¿Dónde está?	¿Por qué es interesante?	¿Qué se puede hacer?
1.				
2.				
3.				
4.				

9 **26**

Escucha a estas personas que juegan a adivinar ciudades. ¿De qué ciudad hablan?

10 **26**

Vuelve a escuchar la audición y señala cuáles de las siguientes preguntas han hecho esas personas.

- ¿Está en el sur?
- ¿Se puede ir a la playa?
- ¿Está bien comunicada?
- ¿Se pueden ver muchos espectáculos?
- ¿Es bonita?
- ¿Está a más de dos horas de la capital?
- ¿Está bien para salir?
- ¿Tiene museos importantes?
- ¿Tiene muchos edificios modernos?

02
CIUDADES EXTRAORDINARIAS

 11

Anota las palabras de los textos de las páginas 100 y 101 del Libro del alumno que se usan para hablar de geografía.

sobre el nivel del mar, isla...

 **12**

Escribe una frase sobre tu ciudad o tu país con cada una de ellas.

 13

¿Qué lugares del mundo te gustaría conocer por las siguientes razones?

Por su clima	Porque es interesante	Por su historia

Por su arquitectura	Por su situación geográfica	Por su naturaleza

 14

Escribe un pequeño texto sobre una ciudad que conozcas bien para colgarlo en el tablón de la clase. Usa como modelo los textos de las páginas 100 y 101. Primero selecciona qué frases pueden ser útiles.

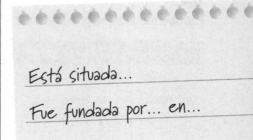

Está situada...

Fue fundada por... en...

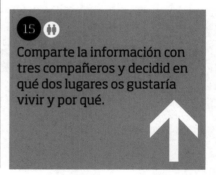 **15**

Comparte la información con tres compañeros y decidid en qué dos lugares os gustaría vivir y por qué.

16

¿Qué tiempo hace en tu ciudad en cada estación?

- la temperatura promedio es 12 º.

En primavera

esta lloviendo

En verano

Hace sol

En otoño

esta nublado

En invierno

Hace frio

17

Responde a estas preguntas.

1. ¿Cuáles son los meses de invierno en el hemisferio norte?

....

....

2. ¿Y en el sur?

....

....

3. ¿Cuáles son los meses de verano en el hemisferio norte?

....

....

4. ¿Y en el sur?

....

....

....

18

Escribe todo lo que puedas sobre el clima en estos lugares.

Madrid	Noruega
in summer *very hot* *no rain*	
En verano hace mucho calor y no llueve casi nada. En invierno hace bastante frío y a veces nieva, pero no nieva mucho.	

Reino Unido	Desierto del Sáhara

Caribe	India

19

Escribe en letra.

1984:
mil novecientos
ochenta y cuatro

35 °C:
....
....

siglo x:
....
....

50 km:
....
....

1936:
....
....

10 °C:
....
....

4000 m²:
....
....

25%:
....
....

20

Aquí tienes el nombre de diez ciudades hispanas.
Elige tres, busca fotos en internet y escribe fichas con información
sobre cada una de ellas, pero sin escribir su nombre. Incluye en cada
una al menos una frase de relativo con **que** y otra con **donde**.
En clase, intercambiad vuestras fichas con otros compañeros.
¿Sabéis de qué ciudades se trata? Podéis buscar en internet.

Bariloche
Cartagena de Indias
Cuzco
Guadalajara (México)
Quito
Toledo
Lima
Valparaíso
Guanajuato
Quetzaltenango

– Es una ciudad que está en
Argentina, a unos 1500 km al
sur de Buenos Aires.
– Es una ciudad donde se puede
hacer turismo de aventura.

21

Completa esta tabla y pregunta después a dos compañeros de clase.

	La película que más veces he visto	La persona más interesante de mi familia	La canción que más veces he escuchado	El lugar más lejano que he visitado
Yo				
Compañero 1				
Compañero 2				

22

Escribe frases sobre estos lugares utilizando las siguientes estructuras. Si necesitas información, búscala en internet.

Es el/la .... **más** .... **de** ....

Es uno/una de .... **más** .... **de** ....

Ciudad de México	Ushuaia
Ciudad de México es una de las ciudades más pobladas del mundo.	

El río Amazonas	El Vaticano

El océano Pacífico	La Alhambra

Chile	Australia

Los Andes	Machu Picchu

El mar Caribe	Costa Rica

 23

Completa estas frases con información personal y escribe otras sobre las ideas del recuadro u otros que te interesen.
Luego haz preguntas a un compañero.

—*El lugar más impresionante que he visto en mi vida...*
—*Para mí el rincón más bonito del mundo...*
—*Un sitio verdaderamente especial para mí...*
—*El paisaje más extraordinario que he visto en mi vida...*

- • un concierto
- • una persona
- • un libro
- • un cuadro
- • una casa
- • un hotel
- • una ciudad
- • un museo
- • un coche
- • un viaje

—¿Cuál es para ti el museo más bonito del mundo?
—Mmm... El Hermitage, en San Petersburgo, porque...

ARCHIVO DE LÉXICO

Señala en esta tabla qué meses son importantes para ti y para tu ciudad o país. Indica el motivo y luego cuéntaselo a un compañero.

	Importante para mí	Importante para mi ciudad o mi país
Enero		
Febrero		
Marzo		
Abril		
Mayo		
Junio		
Julio		
Agosto		
Septiembre		
Octubre		
Noviembre		
Diciembre		

—Para mí es importante agosto porque es mi cumpleaños.
—Pues agosto es importante para mi ciudad porque se celebra un festival de música muy famoso.

25

Relaciona los números con el nombre del lugar correspondiente.

[ ] mar [ ] faro [ ] puente [ ] iglesia [ ] bahía [ ] río

[ ] costa [ ] isla [ ] montaña [ ] laguna [ ] torre [ ] palacio

26

Elige tres de esas palabras y explícalas. Tienes que usar al menos una de las otras palabras del dibujo y dar un ejemplo.

66

Un puente es una construcción para pasar un río. Por ejemplo: el puente de Brooklyn.

99

27

Elige seis o siete palabras de las anteriores y dibuja un paisaje. Escribe un texto para describir ese paisaje.

28

Léele el texto a un compañero, que tiene que dibujar el paisaje. Comparad los dos dibujos después. ¿Se parecen?

29

Completa con todas las palabras que puedas.

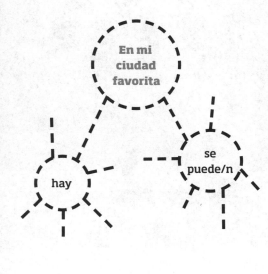

En mi ciudad favorita

hay

se puede/n

es

Mi ciudad favorita

tiene

está

VÍDEO

► campus.difusion.com

30

En el vídeo aparece la frase "España, un país de contrastes". ¿Cómo la interpretas? Escríbelo.

....
....
....
....
....
....

31

Vuelve a ver el vídeo y señala cuáles de estas cosas hacen las personas que aparecen en él.

- ☐ dormir la siesta
- ☐ jugar
- ☑ tomar algo en una terraza
- ☑ visitar un museo
- ☑ ir en bicicleta
- ☐ nadar en un río

- ☑ pasear por la calle
- ☑ hacer turismo
- ☑ hacer surf
- ☑ bañarse en el mar
- ☑ comer *pintxos*
- ☑ escuchar flamenco

32

Lee las palabras clave que se relacionan con cada ciudad y luego escribe un texto sobre cada una en tu cuaderno utilizando ese vocabulario.

CÓRDOBA

sur	La Mezquita
Andalucía	flamenco y música
ciudad histórica	turismo
tradiciones	sol y calor

SAN SEBASTIÁN

norte	playas
País Vasco	gastronomía
mar y montaña	*pintxos*
surf	festival de cine

SALUD, DINERO Y AMOR

01
¿VIVES O TE ESTRESAS?

¿Qué significan estas palabras en el texto?

1. las prisas

▨ Quieres hacer las cosas relajadamente.
▨ Necesitas hacer las cosas muy rápido.

2. las tareas aburridas

▨ Las actividades que más te gustan.
▨ Las actividades que no son divertidas.

3. cansancio

▨ Cuando necesitas sentarte, estar relajado, dormir...
▨ Cuando quieres hacer deporte.

4. insomnio

▨ Cuando no puedes dormir.
▨ Cuando no puedes comer.

5. mal humor

▨ Cuando estás enfadado.
▨ Cuando te sientes bien.

Sin mirar el Libro del alumno, completa estas frases con las palabras que recuerdes o que tú quieras. Compara después con el texto de la página 108.

1. El estrés es uno de los principales .... del siglo XXI.

2. En Argentina el 56 % de los trabajadores .... estrés habitualmente.

3. Los problemas en el .... son una de las causas más frecuentes.

4. Los factores determinantes son las prisas, las tareas aburridas o un salario ....

5. Los .... son cansancio, insomnio y mal humor.

En la página 108 tienes diez consejos contra el estrés. Escoge tres y escribe las preguntas para saber si tus compañeros siguen esos consejos.

1. ....

2. ....

3. ....

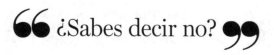

66 **¿Sabes decir no?** **99**

Haz las preguntas a algunas personas de tu clase y escribe un pequeño informe con los resultados.

Algunas personas de la clase...

La mayoría...

(Casi) todo el mundo...

5

Compara las costumbres de estas dos personas. ¿Qué puedes escribir sobre ellas?

Luisa

Edad: **41**

Trabajo: **ejecutiva**

Jornada laboral: **40 horas a la semana**

Estado civil: **casada y con dos hijos**

Deportes: **natación un día a la semana**

Horas que ve la televisión a la semana: **tres**

Hugo

Edad: **28**

Trabajo: **cartero**

Jornada laboral: **30 horas a la semana**

Estado civil: **soltero**

Deportes: **baloncesto dos veces a la semana, senderismo, yoga un día a la semana.**

Horas que ve la televisión a la semana: **ocho**

6

Ahora escoge uno de los personajes anteriores y escribe un breve texto sobre sus rutinas. ¿Crees que tiene estrés?

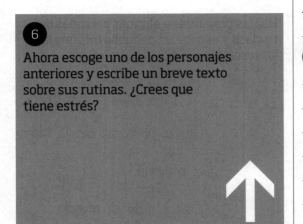

7

Eleonora lucha contra el estrés y sigue algunos consejos de la página 108, pero de manera muy especial. Escribe tu opinión usando los elementos del cuadro.

mucho	poco	demasiado
mucha	poca	demasiada
muchos	pocos	demasiados
muchas	pocas	demasiadas

1. Eleonora corre veinte kilómetros cada mañana antes de desayunar.
Eleonora corre muchos kilómetros.

2. Hace dos minutos de ejercicios de meditación al mes.

3. Come de forma sana: toma diez piezas de fruta todos los días.

4. Duerme cuatro horas cada noche.

5. Duerme dos horas de siesta cada tarde después de comer.

6. Toma tres medicamentos diferentes para poder trabajar bien y despierta.

7. Bebe un litro de agua a la semana.

8. Tiene tres trabajos: trabaja en una oficina, es taxista y da clases de español.

9. Eleonora quiere casarse y tener ocho hijos.

10. Tiene solo dos amigas en su vida.

8

Ahora escribe qué cosas tiene que cambiar Eleonora.

Lee estos consejos y decide cuáles son buenos para encontrar pareja, cuáles para encontrar trabajo y cuáles para estar en forma. Algunos pueden servir para varias cosas.

	Para encontrar pareja	Para encontrar trabajo	Para estar en forma
1. Tienes que estudiar y trabajar mucho.	☐	☐	☐
2. Tienes que hacer un poco de deporte cada semana.	☐	☐	☐
3. No tienes que quedarte en casa: puedes ir a fiestas, apuntarte a clases de algo…	☐	☐	☐
4. Tienes que parecer una persona segura e interesante.	☐	☐	☐
5. Tienes que elegir bien lo que comes e intentar no engordar.	☐	☐	☐
6. Tienes que ir bien vestido: la primera impresión es importante.	☐	☐	☐
7. Tienes que aprender a cocinar: cocinar bien es fundamental.	☐	☐	☐
8. Puedes contactar con antiguos amigos.	☐	☐	☐
9. Tienes que tener mucha paciencia.	☐	☐	☐

Añade dos consejos más a cada objetivo.

Para encontrar pareja,

_____

Para encontrar trabajo,

_____

Para estar en forma,

_____

02
GUAPOS POR DENTRO, GUAPOS POR FUERA

11

Piensa en gente simpática y otra un poco antipática que conoces y escribe quiénes son. Luego habla con un compañero.

mi profesora de francés

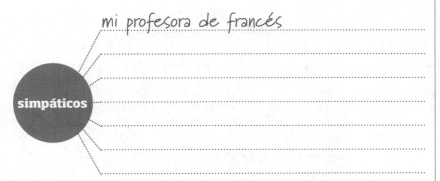

simpáticos

el señor del quiosco de al lado de mi casa

un poco antipáticos

66

Mi profesora de francés es muy simpática. Se llama Sophie y...

99

12

Escribe qué partes del cuerpo relacionas con estas cosas.

La mirada: ....

....

La sonrisa: ....

....

Los gestos: ....

....

13

Escribe tres cosas que relacionas con lo siguiente.

Un cuerpo sano: ....

....

Una personalidad interesante: ....

....

Una persona atractiva: ....

....

14

¿En qué partes del cuerpo o en qué características físicas te sueles fijar? Continúa las frases con tus gustos. ¿Compartes alguno con tus compañeros?

- **los ojos**
- **la cara**
- **la cabeza**
- **la nariz**

- **los dientes**
- **las orejas**
- **la boca**
- **el pelo**

- **las manos**
- **las piernas**
- **los hombros**
- **el cuello**

- **el cuerpo**
- **la altura**
- **la piel**
- **otros:**

Me gustan los hombres con ....

....

No me gustan los hombres con ....

....

Me gustan las mujeres con ....

....

No me gustan las mujeres con ....

....

66
—A mí me gustan los hombres con la boca grande.
—Ah, pues yo me fijo más en la altura... 99

15

Haz una lista con cosas de cada color que hay en tu casa.

- **rojo**   una manzana
- **azul**   una toalla
- **amarillo** mi cobija
- **verde**   mi libreto
- **naranja** dos naranjas
- **violeta** mi esmalte de uñas
- **blanco**   mi paredes
- **negro**   una botella de agua

un paraguas rojo

cuatro sillas blancas...

16

En grupos, por turnos, cada estudiante dice el nombre de una cosa de un color. Pierde el que no tiene más palabras que decir o el que está en su turno cuando pasa un minuto exacto. ¡Prepárate!

Amarillo

Plátanos, limones
squash, pimiento

Rojo

manzana, pimiento
guindas, sandía

Azul

arándano,

Negro

mora

Blanco

caifor, ajo

17

Completa las tablas con las formas que faltan de los cuatro adjetivos.

Masculino -o	Plural -os		Femenino -a	Plural -as
			roja	

Masculino y femenino -e, -n, -l, -s	Plural -es
azul	
	verdes

Masculino y femenino -a	Plural -as
violeta	

18

Coloca estos otros adjetivos de color en el lugar del cuadro que corresponda y escribe todas las formas.

- **rosa**
- **marrón**
- **negro**
- **naranja**
- **gris**
- **blanco**

19

Describe a estos personajes con las siguientes frases.

- **Tiene el pelo largo.**
- **Es delgada.**
- **Tiene el pelo largo.**
- **Es morena.**

- **Es rubia.**
- **Tiene barba y bigote.**
- **Es mayor.**
- **Es muy joven.**

- **Tiene los ojos negros.**
- **Es moreno.**
- **Es muy guapa.**
- **Es bajita.**

- **Es joven.**
- **Tiene el pelo corto y blanco.**

....

....

....

....

....

20

Escoge una persona que aparece en esta unidad del Libro del alumno y descríbela con los recursos de la página 114 de la Agenda de aprendizaje. Tu compañero debe encontrar a quién te refieres.

21

¿Cómo te describirías a ti mismo/a? Intercambia tu descripción con un compañero, añade información y corrige su texto si es necesario.

> Bueno, mis padres dicen que soy guapo, pero, en fin, los padres ya se sabe... No estoy ni gordo ni delgado. Tengo los ojos claros, a veces verdes o grises, a veces más azules. El pelo lo llevo normalmente un poco largo, aunque en verano suelo raparmelo...

22

Vais a jugar a "¿Quién es quién?" Mira las fotografías de los personajes y escoge una. Un compañero te va a hacer preguntas para averiguar de quién se trata. Solo puedes contestar sí o no. Luego cambiáis.

Carlos

Laura

Luis

Ana

Beatriz

Nuria

Edu

Paloma

Jorge

Clara

Ángel

Malena

23

Elige otros dos personajes de la página 112 del Libro del alumno y descríbelos. Luego, lee tus descripciones a tus compañeros. ¿Adivinan a quién describes?

66
—¿Lleva gafas?
—Sí.
—¿Tiene el pelo largo?
—No. 99

ARCHIVO
DE LÉXICO

24

¿Qué otras partes del cuerpo te gustaría aprender en español?

En mi lengua	En español

25

Añadimos el máximo número de palabras.

ser	tener	llevar
un poco...	treinta años	una chaqueta gris
de...	el pelo largo	
bastante...		

VÍDEO

26

Lee la transcripción del vídeo y complétala con las frases que aparecen a continuación.
Luego comprueba con el vídeo.

1. si no hay salud
2. ni del dinero, ni de ninguna otra cosa
3. que no puedes comprar con dinero
4. quizá te puede dar
5. es lo más importante
6. puedes vivir más despacio
7. te sientes bien
8. Amor, sí, por encima de todo.

Eli: ¿Qué preferirías tú: salud, dinero o amor?
Clara: Salud, amor y dinero.
Emilio: Amor, salud y dinero.
Eva: Amor.
.... (a).
Agnès: Para mí, al revés: salud, amor y dinero.
Pablo: Es muy importante, el dinero.
Nuria: Así que no estamos de acuerdo.
Agnès: ¡Para nada!
Pol: ¡No!
Edu: .... (b), no hay nada más.
Ainara: ... sí, lo otro no sirve para nada.
Luis: No podés disfrutar del amor, ... (c).

Sergio: Si tienes salud, tu cuerpo funciona bien.
Emilio: Hay cosas de salud
.... (d) y, evidentemente, amor tampoco.
Es que si no tienes salud, no tienes la base para todo lo demás, creo yo.
Eva: El dinero, lo que hace, es la vida más fácil.
Eva: Es como un medio para conseguir lo que quieres.
Nuria: .... (e) más oportunidades de... de hacer cosas y conocer a gente.
Pablo: Puedes comprar un poco de salud con dinero.
Eli: .... (f), si tienes dinero.
Pablo: Libertad para hacer muchas cosas.

Edu: Si no tienes dinero, tienes un problema.
Eva: Para mí, el amor es lo que te da la vida, en realidad.
Sergio: Sin amor, te falta motivación para hacer todas las cosas.
Nuria: Si tienes una buena salud y no tienes amor, y no eres feliz...
Emilio: Si tienes amor,
.... (g), ya sea con tu pareja, o con los amigos, tu familia...
Pol: Para mí ahora mismo el amor
.... (h) porque es lo que me da más alegría...
Eva: Es lo que te da la chispa.
Nuria: Bueno, lo mejor sería una combinación de los tres, pero...

27

Fíjate en las palabras que están resaltadas en rojo en la transcripción. ¿Entiendes su significado?
¿Cómo se dice en tu lengua?

	En mi lengua
al revés	
no estamos de acuerdo	
no sirve para nada	
evidentemente	
conseguir lo que quieres	
en realidad	
lo mejor sería	

¿A PIE O EN BICI?

01 KILÓMETROS Y EMOCIONES

1

Lee el texto de la página 120 del Libro del alumno y completa estas frases con las palabras que faltan. Comprueba después que lo has hecho bien.

1. En Compostela .... la tumba del apóstol Santiago.

2. Los peregrinos .... hacia Santiago de Compostela .... el siglo IX.

3. Algunos .... el camino por motivos religiosos, otros por turismo.

4. Los peregrinos .... a pie, en bici, a caballo y .... por pueblos llenos de historia y monumentos.

2

Sin mirar el Libro del alumno, completa las respuestas con las preposiciones que faltan. Luego, comprueba con el libro o con el profesor si lo has hecho bien.

1.

- **¿Dónde puedo empezar?**

- .... cualquier lugar, pero si quieres llegar .... Santiago, hay que tener .... cuenta que lo normal es caminar 25 km .... día.

2.

- **¿Cuántos kilómetros tengo que hacer para tener la Compostela?**
- Un mínimo .... 100 km .... pie o 200 km .... bicicleta.

3.

- **¿Cuándo hay más peregrinos en el camino?**

- .... verano, por supuesto. .... verano pasan .... Burgos 200 peregrinos .... día; ...... invierno ...... 1 .... 5 ...... semana.

3

Escribe dos preguntas más sobre el Camino de Santiago con las estructuras **poder** + infinitivo y **tener que** + infinitivo.

4

Completa las siguientes frases con los conectores **y**, **o**, **ni**... **ni**..., **pero**, **por eso**.

1. No me gusta volar en avión, ... tengo que viajar dos veces al año a Estados Unidos por trabajo.

2. Me interesa mucho el arte precolombino. ...., mi sueño es viajar a México y a Perú.

3. No me gustan .... las grandes ciudades .... los viajes organizados: prefiero viajar por mi cuenta para disfrutar de la naturaleza.

4. No sé si ir en tren .... en autobús. ¿Tú que me recomiendas?

5. Este verano he viajado a las Islas Canarias .... he aprendido a bucear. Ha sido genial.

5

Aconseja a una persona que quiere visitar tu ciudad. Usa **puedes** + infinitivo o **tienes que** + infinitivo.

¿Cuál es la mejor época del año para ir?

....

....

Quiero comer bien, pero no puedo pagar mucho.

....

....

Me gustaría ir al teatro o al cine.

....

....

Quiero visitar los alrededores, ¿a dónde voy?

....

....

Me gustaría comprar algo típico como recuerdo.

....

....

Puedes ir en verano porque hace muy buen tiempo.

 6

Piensa en un lugar diferente a los anteriores y escribe cuatro cosas que se pueden o no se pueden hacer. Lee tus frases a un grupo de compañeros. ¿Adivinan el lugar en el que has pensado?

**—Tienes que ir por la noche y se puede bailar, tomar una copa…
—¿Una discoteca?**

7

Escribe tres cosas que **se pueden** o **no se pueden hacer** en estos lugares.

....
....
....
....

....
....
....
....

....
....
....

8

Imagina una situación de clase. ¿Quién dice normalmente cada una de estas frases? Puede haber varias opciones.

	El profesor a los alumnos	El profesor a un alumno	Un alumno al profesor	Un alumno a otro
1. ¿Puedo ir al baño?	☐	☐	☐	☐
2. ¿Puedo borrar la pizarra?	☐	☐	☐	☐
3. ¿Dónde podemos estudiar los verbos?	☐	☐	☐	☐
4. ¿Puedes pasarme el boli?	☐	☐	☐	☐
5. ¿Puedes abrir la puerta?	☐	☐	☐	☐
6. ¿Puedo cerrar la ventana?	☐	☐	☐	☐
7. ¿Podemos decir "un otro ejercicio"?	☐	☐	☐	☐
8. ¿Podéis venir mañana un poco antes?	☐	☐	☐	☐
9. ¿Podemos usar el diccionario en el examen?	☐	☐	☐	☐
10. ¿Puedes explicar los verbos otra vez?	☐	☐	☐	☐

9

¿Estás de acuerdo con las siguientes afirmaciones? Escríbelo debajo de cada una y añade tres más utilizando el verbo en segunda persona del singular o **se** + verbo en tercera persona. Luego habla con un compañero.

1. Cuando viajas, eres más libre.

....

2. No se puede aprender bien un idioma si se vive un tiempo en otro país.

....

3. Cuando vas a un país, debes intentar aprender algunas palabras de la lengua que se habla allí.

....

4. Siempre se debe preparar un viaje antes de salir.

....

5. Si quieres conocer otro país, lo mejor es trabajar allí.

....

6. ....

....

7. ....

....

8. ....

....

10

Piensa en formas de terminar estos consejos para practicar español fuera de clase y añade tres más.

1. Si quieres mejorar tu pronunciación,

....

....

2. Si te parece difícil hablar en español,

....

....

3. Si no entiendes tus canciones preferidas en español,

....

....

4.

....

....

5.

....

....

6.

....

....

11

¿Qué prendas de vestir puedes ponerte en cada parte del cuerpo? Escríbelo al lado.

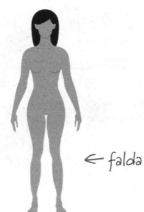

← falda

12

¿Hay otras prendas de vestir que quieres saber cómo se llaman en español? Prepara las preguntas.

66 ¿Cómo se llama la prenda de lana que se pone en las manos y no son guantes? 99

13

Completa.

1. Un...... pantalones azul......
2. Un...... camiseta blanc......
3. Dos corbat...... negr......
4. Tres calzoncill...... roj......
5. Un...... jerseys naranj......
6. Un...... calcetines gris......
7. Un...... vestido verd......
8. Un...... chaquetas marron......
9. Un...... gorras amarill......
10. Un...... pantalones cort...... ros......
11. Un...... sombrero violet......

14 🔊 **27**

Escucha esta audición de un desfile de moda. ¿Cómo se llamar

⌐┐ ⌐┐ ⌐┐ ⌐┐ ⌐┐
....

15 🔊 **27**

Completa con las palabras que faltan. Comprueba de nuevo con la audición que lo has hecho bien.

1. Aquí está Hugo, con una imagen muy .... para el otoño. Hugo lleva una .... roja, camisa ...., pantalones .... y .... deporte.

2. A continuación, Iker nos enseña un modelo informal, bastante deportivo. Lleva .... vaqueros y .... de rayas, ... y una preciosa .... de piel.

3. Mara luce un conjunto muy alegre. Lleva .... y un vestido .... de flores, un .... al cuello y un bolso .... Y zapatos sin tacón muy............................

02 DEL CARIBE AL PACÍFICO

16

Después de leer el texto de las páginas 124 y 125 del Libro del alumno, traduce a tu idioma estos palabras.

	En mi lengua
diario de viaje	....
colgar algo en internet	....
diferencia horaria	....
bosque lluvioso	....
carreteras malas	....
pensión barata	....
***bungalow* muy agradable**	....
tela mosquitera	....
aves exóticas	....
hay olas	....
hormigas gigantes	....
espectáculo inolvidable	....

17

Busca las cinco expresiones anteriores que están representadas en los dibujos.

1. ....

2. ....

3. ....

4. ....

5. ....

18 28

Escucha la conversación entre Marta y Luis sobre sus próximas vacaciones y marca si la siguiente información es verdadera (V) o falsa (F).

A Luis	V	F
Le gustaría ir a Roma o a Atenas.	☐	☐
No le gustaría ir a Noruega o a Dinamarca.	☐	☐
Le gustaría pasar las vacaciones en casa de unos amigos.	☐	☐
Le gustaría pasar las vacaciones en un hotelito de la costa.	☐	☐
Le gustaría pasar dos o tres días en Lisboa.	☐	☐

A Marta	V	F
Le gusta mucho el calor.	☐	☐
Le gustaría ir a un lugar a la playa.	☐	☐
No le gustan los aeropuertos en verano.	☐	☐
Le gustaría viajar en barco.	☐	☐
Le gustaría ir a casa de unos amigos de Luis.	☐	☐
Le gustaría hacer surf.	☐	☐

19

Describe las vacaciones que tú nunca harías.

No me gustaría nada...

20

Relaciona cada frase con su final más lógico.

1.

1. Quiero viajar por Italia:

2. Quiero ir a Italia

a. y a Grecia en moto este verano.

b. Pisa, Florencia, Roma... Me apetece mucho.

2.

1. Mi casa está entre Madrid

2. Mi casa está en Madrid,

a. y Toledo, en un pueblo pequeño.

b. muy cerca del Museo del Prado.

3.

1. Vamos hasta Málaga

2. Vamos desde Málaga

a. en avión y allí alquilamos un coche.

b. en avión hasta Rabat y allí alquilamos un coche.

4.

1. Queremos ir a

2. Queremos hacer el viaje en

a. barco. Es más caro pero también es más bonito.

b. pie. Es más largo, pero tenemos tiempo.

21

Completa estas dos rutas por España con las preposiciones **a**, **de** , **por** o **en**.

Barcelona - Toledo

Día 1: Vamos .... **Barcelona** .... **Granada**

.... **avión; y** .... **Granada** .... **Cádiz**

.... **coche; pasamos** .... **Málaga y**

Algeciras.

Día 2: Vamos .... **Madrid en coche, pasamos**

.... **Sevilla y Córdoba y hacemos una**

parada .... **Toledo.**

Madrid - Formentera

Vamos ...... **Madrid** ...... **Ibiza** ...... **avión y** ....

Ibiza .... **Formentera** .... **barco.**

Formentera es pequeña, así que podemos

viajar .... **toda la isla** .... **bicicleta o,**

si no es muy caro, ... **caballo.**

22

Escribe dos rutas similares por tu país. Usa las preposiciones **a**, **de**, **por** y **en**.

---

23 🔊 **29**

Escucha las siguientes afirmaciones. ¿Qué pronombre corresponde a cada una?

☐ Yo

☐ Tú

☐ Ella

☐ Nosotras

☐ Vosotros

☐ Ellos

24 🔊 **29**

Vuelve a escuchar y escribe las formas de pretérito perfecto que oyes.

1. ....

2. ....

3. ....

4. ....

5. ....

6. ....

25

Rosana habla con su amiga Ana. ¿A quién se refiere con estas frases? ¿Cómo lo sabes?

1. Rosana y su novio

2. Rosana

3. Ana y su novio

4. Los padres de Rosana

5. Ana

6. El novio de Ana

7. Rosana y Ana

a. Esta mañana hemos ido de compras.

b. ¿Habéis estado alguna vez en el desierto?

c. Hemos comido demasiada tarta.

d. Has salido muy bien en las fotos.

e. Han pasado unos días en Madrid.

f. ¿Ha llegado?

g. Hoy me he levantado tardísimo.

26

Escribe la forma de participio pasado de los verbos del ejercicio anterior.

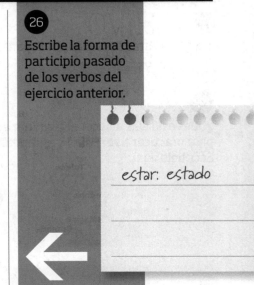

estar: estado

 27

¿Cuáles de la cosas de la tabla ha hecho Manuel en su último viaje a España? Mira sus notas y márcalo. Luego coméntalo con tus compañeros.

	Sí	No
1. ¿Ha visitado museos?	☐	☐
2. ¿Ha comido bien?	☐	☐
3. ¿Ha hecho deporte?	☐	☐
4. ¿Ha ido al cine?	☐	☐
5. ¿Ha ido a conciertos?	☐	☐
6. ¿Ha visitado a familiares?	☐	☐
7. ¿Ha visto monumentos?	☐	☐
8. ¿Ha hecho excursiones para ver la naturaleza?	☐	☐

Ha hecho deporte: ha hecho surf y...

MADRID

– Museo del Prado: ¡Fantástico!

– Cena en Casa Lucio: huevos estrellados. ¡Increíbles!

– Paseo por el parque del Retiro y teatro.

– Cena en casa de los primos Jaime y Teresa.

SAN SEBASTIÁN

– Playa y surf. Comida en el restaurante Arzak.

– ¡Buenísimo! ¡Tapas excelentes en el centro!

– Excursión al parque natural de Pagoeta.

BARCELONA

– Sagrada Familia y Museo Picasso.

– Festival de música electrónica (Sónar).

– Excursión en bici.

ARCHIVO
DE LÉXICO

 28

¿Qué cosas vas a hacer al terminar el curso para practicar tu español y aprender más? Escríbelo aquí.

 29

¿A qué categoría pertenecen estas palabras?

La playa, la montaña, una gran ciudad son

....

El autobús, el tren, el avión son

....

Un albergue, un hostal, una pensión son

....

Ir, venir, volver son

....

 30

Escribe tres palabras o grupos de palabras que relacionas con cada uno de los conceptos de esta lista.

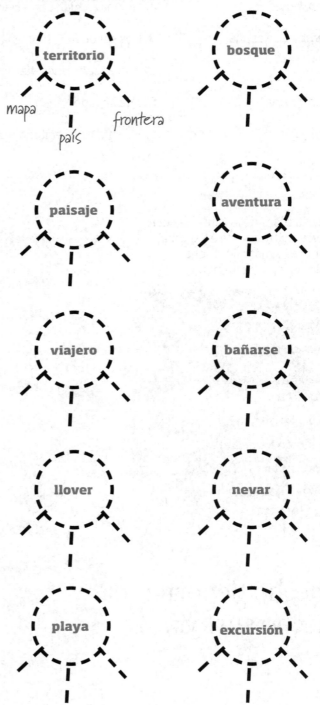

territorio — mapa, país, frontera

bosque

paisaje

aventura

viajero

bañarse

llover

nevar

playa

excursión

VÍDEO

 campus.difusion.com

31

Antes de volver a ver el vídeo sobre el Camino de Santiago, lee la transcripción y busca cómo se expresan las siguientes ideas o se da la siguiente información. Márcalo en el texto.

- **Te deseo una buena excursión**
- **Una mujer mayor**
- **¿Cómo estás?**

- **La etapa 5 no ha sido tan dura.**
- **Hemos recorrido casi 30 km.**
- **Hay 15 etapas hasta llegar a Santiago.**

¡Buen camino!

Una abuelilla de una casa de aquí nos ha ofrecido ciruelas.

Estamos en la segunda etapa. No sabemos adónde vamos a ir exactamente porque parece que el albergue es pequeño, así que si no hay plazas tenemos que seguir seis kilómetros más.

Explica lo que sientes.

¡Mucho dolor!

Nosotros seguimos a través del campo con estos personajes: Mateo, de Sevilla, y Piru, de Argentina, aunque vive en Estados Unidos.

Yolanda y Gloria.

¡El albergue! ¡Yeah!

Tenía mucho más miedo a la etapa 5 de lo que fue.

Buenos días, Mateo.

Bueno, estamos en la etapa número 7. Como veis, hay un amanecer increíble. ¿Lo veis?

¡Por fin! ¡Casi treinta kilómetros después!

Nos encontramos ya en la etapa 13; solo nos quedan dos para Santiago.

32

Ahora vuelve a ver el vídeo y toma notas de lo que te parece interesante o te llama la atención. Comenta después tus notas con tus compañeros.

33

¿Te gustaría hacer el Camino de Santiago? Escribe un texto explicando por qué sí o por qué no.

1 COMPARATIVOS

Elige dos ciudades de tu país (no la capital) y compáralas con **más/menos que**.

 Toronto es más grande que Halifax

.... es .... **húmeda** ....

.... es .... **fría** ....

.... **está** .... **al sur** ....

.... **está** .... **cerca del mar** ....

.... **tiene** .... **habitantes** ....

.... **tiene** .... **lugares turísticos** ....

En .... **hay** .... **monumentos** ....

En .... **hay** .... **estudiantes universitarios** ....

En .... **hay edificios** .... **antiguos** ....

....

2 COMPARATIVOS

Imagina que tienes la posibilidad de estudiar en una de estas dos ciudades. Compara los datos y decide a cuál de ellas quieres ir y por qué.

—*Santiago es más/menos...   que Sevilla*
                tiene más/menos...
—*Las dos tienen...*

Santiago de Compostela

- 94 000 habitantes
- Estudiantes universitarios: 30 000
- Estudiantes extranjeros: 1000
- A 550 km de Madrid
- A 30 km del mar
- 132 días de lluvia
- Temperaturas: 20 °C - 8 °C
- Alquiler de apartamentos: 6 €/m²

Sevilla

- 700 000 habitantes
- Estudiantes universitarios: 60 000
- Estudiantes extranjeros: 2000
- A 540 km Madrid
- A 125 km del mar
- 55 días de lluvia
- Temperaturas: 40 °C - 5 °C
- Alquiler de apartamentos: 8 €/m²

3 30 SÍLABA TÓNICA

Escucha las siguientes palabras y marca la sílaba fuerte.

temperatura
festival
catedral
arqueológico
extraordinarias
internacional
excursiones
geografía
ayuntamiento
arquitectura
hotel
invierno
hospital
naturaleza
belleza

4 30

¿Puedes separar las palabras anteriores en sílabas? Después, escucha de nuevo y comprueba. Repítelas hasta que puedas decirlo como en la grabación.

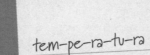

tem-pe-ra-tu-ra

5 HABLAR DE UN LUGAR

Recibes este correo de una amiga que quiere visitar un lugar que tú conoces bien (decide cuál: tu lugar de vacaciones, la ciudad de tu familia, etc.). Contéstale.

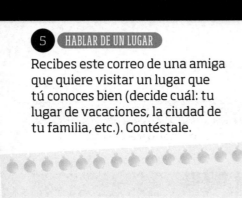

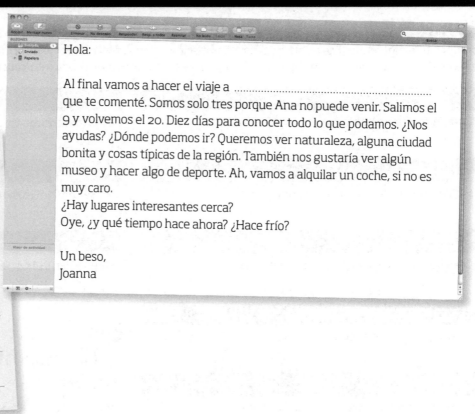

Hola:

Al final vamos a hacer el viaje a .... que te comenté. Somos solo tres porque Ana no puede venir. Salimos el 9 y volvemos el 20. Diez días para conocer todo lo que podamos. ¿Nos ayudas? ¿Dónde podemos ir? Queremos ver naturaleza, alguna ciudad bonita y cosas típicas de la región. También nos gustaría ver algún museo y hacer algo de deporte. Ah, vamos a alquilar un coche, si no es muy caro.

¿Hay lugares interesantes cerca?

Oye, ¿y qué tiempo hace ahora? ¿Hace frío?

Un beso,
Joanna

---

6 EL TIEMPO

Con los elementos de cada caja, escribe ocho combinaciones posibles.
¿Qué lugares del mundo tienen esos climas?

llueve	muchísimo	todo el año
nieva	mucho	gran parte del año
no llueve	bastante	en verano
no nieva	poco	en invierno
	nada	en otoño
		algunas veces

1. ....
2. ....
3. ....
4. ....
5. ....
6. ....
7. ....
8. ....

7 INTERROGATIVOS

Imagina que alguien te dice estas frases y no entiendes bien el fragmento de información que está destacado en rojo. Escribe la pregunta que necesitas para obtener esa información.

1.
- Esta mañana he hablado con mi jefe una hora.
- ....

2.
- Ha venido Margarita preguntando por ti.
- ....

3.
- Creo que vuelvo a mi país a final de mes.
- ....

4.
- Creo que aquí el café cuesta 1,50 €.
- ....

5.
Me gustaría visitar Ronda este fin de semana.
- ....

6.
- El autobús tarda cinco horas de Madrid a A Coruña.
- ....

7.
- No sé, pero el rojo me gusta más.
- ....

8.
- Llego a París el 14 pero antes paso por Burdeos.
- ....

66
—El día 6 me voy con unos amigos a los Sanfermines.
—¿Adónde vas?
99

8 PREPOSICIONES

Completa con las preposiciones necesarias estas rutas de autobuses de una ciudad española (ten en cuenta que todos los autobuses salen de la plaza de Colón).

> por, hasta, desde

1. El autobús 22 va .... la plaza de Colón .... la avenida del 2 de Septiembre y pasa .... las calles Zurbano y Maragall.

> por, en, desde, hacia

2. El autobús 11 va .... la plaza de Colón .... el norte, pasa .... el centro de la ciudad y para .... la estación de trenes.

> hacia, entre, por, de

3. El 34 también sale .... la plaza de Colón y va .... el este. Pasa .... el parque de las Delicias y tiene diez paradas .... la avenida de San Remo y el aeropuerto.

9 🎯 **PREPOSICIONES**

Varios amigos han hecho distintos recorridos por México. Explica cómo ha sido su viaje. Tu compañero debe señalar en su mapa los recorridos que le explicas.

Estudiante A

1. Primer itinerario: José Miguel sale de Chihuaua, pasa por Culiacán y Querétaro y llega a Ciudad de México.

2. Segundo itinerario: Valentina sale de Acapulco, pasa por Puerto Vallarta y llega a México DF.

Estudiante B

1. Primer itinerario: Horacio sale de Oaxaca, pasa por Toluca y San Luis Potosí y llega a Ciudad de México.

2. Segundo itinerario: Ivana sale de Monterrey, pasa por Guadalajara y llega a Toluca.

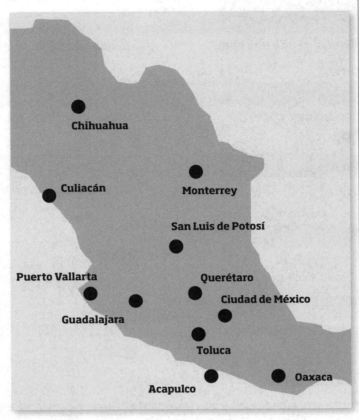

10 🎯

Comprueba con el otro estudiante que has dibujado bien el recorrido.

---

11 **ROPA Y COLORES**

¿Cuál es la ropa que más usas? Haz una lista con las prendas, el material y el color.

Unos pantalones azules de algodón.

12 🔊 **31** **ROPA Y COLORES**

Dos personas están preparando una maleta. Escucha con atención y señala la ropa que se llevan.

▢ un vestido negro   ▢ un vestido rojo largo

▢ una chaqueta azul   ▢ una chaqueta marrón

▢ unos pantalones blancos   ▢ unos pantalones grises

▢ unos zapatos negros   ▢ unos zapatos marrones

▢ un bañador amarillo   ▢ un bañador azul

▢ unos pantalones cortos   ▢ tres camisetas

▢ una camiseta   ▢ dos bikinis

▢ zapatos de tacón

13 ROPA

¿Son posibles estas combinaciones? Si no lo son, escribe otras que sí son posibles.

	Sí	No
1. una chaqueta de piel	☐	☐
2. un gorro de manga corta	☐	☐
3. unas gafas de algodón	☐	☐
4. una camiseta de rayas	☐	☐
5. unas zapatillas de deporte	☐	☐
6. una chaqueta de montaña	☐	☐
7. unas sandalias de lana	☐	☐
8. un bolso de tacón	☐	☐
9. unas botas de playa	☐	☐

14 EL SUPERLATIVO

Completa con tu propia información.

1.

El mejor restaurante donde has comido.
Casa Lucio, que está en Madrid.

Lo mejor de ese restaurante.
Lo mejor son los huevos estrellados.

2.

El peor restaurante donde has comido.

Lo peor de ese restaurante.

3.

El mejor hotel donde te has alojado.

Lo mejor de ese hotel.

4.

El peor hotel donde te has alojado.

Lo peor de ese hotel.

5.

La mejor playa donde te has bañado.

Lo mejor de esa playa.

6.

La persona más interesante que has conocido.

Lo más interesante de esa persona.

15 🔱 EL PRETÉRITO PERFECTO

Escribe dos preguntas más en esta lista y habla con tu compañero sobre los lugares en los que ha estado y sus impresiones.

	Sí / No	¿Dónde?	¿Cuándo?	¿Qué tal?
¿Has estado alguna vez en una casa rural?				
¿Has estado alguna vez en un crucero?				
¿Has estado alguna vez en Costa Rica?				
¿Has estado alguna vez en un desierto?				
¿Has estado alguna vez a más de 3000 metros de altitud?				
¿Has estado alguna vez en una cueva submarina?				

16 EL PRETÉRITO PERFECTO

Completa los diálogos con las respuestas del recuadro.

- No, es que he estado enfermo este fin de semana.
- ¿Y qué tal lo ha pasado?
- No, si pones el volumen bajo.
- No, lo siento. ¿Es que se ha perdido?

1.

– Perdone, ¿ha visto a un niño pequeño por aquí?

– ....

2.

– Me ha escrito mi madre. Ha vuelto de sus vacaciones.

– ....

3.

– He puesto la tele, ¿te molesta?

– ....

4.

– ¿Has hecho los deberes?

– ....

17

Analiza cuál es la situación en cada caso (¿Qué pasa? ¿Dónde están? ¿De qué hablan?...)

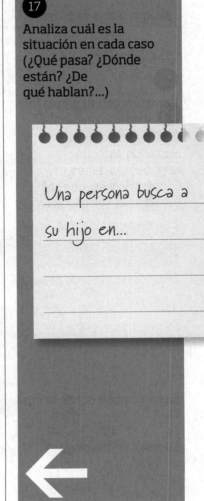

Una persona busca a su hijo en...

18 **EL PRETÉRITO PERFECTO**

Julia les deja una nota a sus amigos Carmen y Pablo, que están dormidos, antes de salir de casa.
Completa los espacios de la nota con las formas adecuadas. Fíjate en si el verbo es reflexivo o no.

> me he
> he
> te has
> has
> se ha
> ha
> nos hemos
> hemos
> os habéis
> habéis
> se han
> han

Queridos Carmen y Pablo,

Todos .... levantado muy pronto y Antonio y yo .... decidido dar un paseo y desayunar en el pueblo. No os preocupéis por los niños: .... despertado también y ya .... desayunado.

Ana .... sentado a leer en el jardín, y Gustavo .... ido a pescar con los vecinos.

.... hecho café, pero .... olvidado de regar las plantas. ¿Podéis hacerlo? Pablo, ... cogido mi móvil y .... dejado el tuyo en la mesa de la cocina.

Si .... despertado en una hora, os esperamos en el café de la plaza.

.... tenido suerte con el tiempo, estamos a 25 °C. Podemos ir luego a la playa.

 19 **EL PRETÉRITO PERFECTO**

Un amigo te escribe contándote dónde está de vacaciones. Contéstale y escribe sobre tus últimas vacaciones.

¡Hola!

¿Sabes dónde estoy? ¡En Ecuador! Unos primos de la familia de mi padre me han invitado a pasar unos días con ellos y hemos estado en muchos sitios. Uno de los más impresionantes es las islas Galápagos. Es un lugar increíble, que está a casi mil kilómetros de la costa. Hemos ido en avión, aunque también puedes ir en barco. Hay miles de aves, focas, tortugas... Es una reserva natural con especies propias. Es precioso. Puedes bucear y ver un montón de peces. También hemos ido a la selva a conocer una comunidad indígena de la tribu de los achuar. Es sorprendente y maravilloso ver cómo viven. Lo único malo del viaje es que estamos muy cansados... Bueno, termino. Cuéntame tú cómo estás y dónde has pasado las vacaciones. Te mando algunas fotos de las Galápagos. ¡Ah, y la comida de aquí está buenísima!
¡Un abrazo!
Rodri

20 LÉXICO

¿Qué palabras se pueden combinar con las de los cuadros?

ambiente, sitio... agradable

....

....

bien → situado/a, diseñado/a...

....

....

abrir/cerrar → el banco, la tienda...

....

....

....

alquilar → un coche, un apartamento...

....

....

21 LÉXICO

¿Con cuáles de los siguientes nombres puedes combinar los adjetivos del recuadro? Escribe todas las posibilidades que encuentres.

- **un viaje**
- **un vino**
- **un guía**
- **unas vistas**
- **un hotel**
- **una maleta**
- **un paisaje**
- **un cocinero**
- **un propietario**
- **un menú**
- **una naturaleza**
- **una playa**

> encantador/a
> excepcional
> excelente
> fantástico/a
> precioso/a
> genial

22 LÉXICO

Jugad al Pictionary con las palabras de la unidad. ¿Qué equipo es capaz de adivinar más palabras?

Se forman dos equipos, A y B. El equipo A elige una palabra o grupo de palabras del libro, una persona del equipo B la dibuja y sus compañeros tienen que adivinar cuál es en menos de 30 segundos. Después es el turno del equipo B para elegir palabra y del equipo A para dibujar y adivinar.

—¿Bicicleta?
—Mmm, no.
—¿Ir en bicicleta?
—¡Sí!

Si quieres consolidar tu nivel **A1**, te recomendamos:

GRAMÁTICAS

Gramática básica del estudiante de español

Cuadernos de gramática española A1

PREPARACIÓN PARA EL DELE

Las claves del nuevo DELE A1

LECTURAS GRADUADAS

Un día en Barcelona

Un día en Madrid

Un día en Málaga

Un día en Salamanca